과거에서 찾은 미래

: **소셜미디어**의 세계

과거에서 찾은 미래

: **소셜미디어**의 세계

지은이 김병수, 김상현, 김영욱, 김재영, 오현민, 정명진, 최윤희
발행일 2025년 8월 14일 **발행인** 김정겸
펴낸곳 충남대학교출판문화원 **주소** 대전광역시 유성구 대학로 99
전화 042-821-6045 **홈페이지** http://www.cnupress.co.kr **E-mail** cnupress@cnu.ac.kr

ISBN 979-11-6503-318-7 93300
정가 15,000원

이 책은 2025년 1학기 충남대학교 대학원 수업인 <정보사회론> 수업에 참여한 김병수(박사과정) 정명진(박사과정) 최윤희(박사과정) 김영욱(박사과정) 오현민(석사과정) 김상현(석사과정)의 협업으로 발간했습니다.

과거에서 찾은 미래

: 소셜미디어의 세계

김병수, 김상현, 김영욱, 김재영, 오현민, 정명진, 최윤희

충남대학교출판문화원

머리말

우리는 소셜미디어의 세상에서 산다. 관계를 떠나 홀로 존재할 수 없는 우리 인간에겐 축복 같은 일이다. 지나침은 되려 모자람에 미치지 못한다고 했던가. 최근 들어서는 소셜미디어가 연결의 힘으로 작용하기보다 분열과 독식, 혐오, 차별의 아이콘으로 작동하는 씁쓸한 현상도 자주 목격된다.

멀리 돌이켜 보면, 초창기 소셜미디어의 개척자들은 혁신의 대명사에 가까웠다. 참여 · 개방 · 공유에 투철하며, 상위 20%보다 하위 80%에 주력하고, 심지어 보통 사람들의 손에 도구를 건네주며 협력했다. 소셜미디어가 빠르게 성장할 수 있었던 비결은 단연코 소스코드를 개방하고, 클라이언트가 서버와 안전하고 효율적으로 통신할 수 있게끔 API(Application Programing Interface)의 관문을 열어 놓은 발상과 방식에 있었다.

일견 자본주의 사회와 동떨어져 보인, 그래서 혁신적이던 소셜미디어는 안타깝게도 초창기 개척자들이 일군 방식과 역행하는 양태로 흘러가는 양상이다. 예컨대, 몇 해 전만 해도 실리콘밸리는 '직원의 천국'이자 '수평적 리더십의 끝판왕'으로 불렸다. 극과 극은 통한다고 했던가. 오늘의 현실은 실리콘밸리의 자유주의적이고 개방적인, 나아가 혁신 주도 행동주의도 잔뜩 얼어붙은 형국이다.

이미 구글의 모회사인 알파벳과 아마존 등은 다양성(Diversity) · 형평성(Equity) · 포용성(Inclusion) 정책, 즉 DEI가 약화되고 있는 것으로 보인다. 이는 그들이 초창기에 조직문화 개선과 사회 정의를 위한 정책 기조로 활용했던 방식이었다. 구글의 경우, 성적 소수자와 젠더 소수자를 포괄하는 용어인 LGBTQ (Lesbian, Gay, Bisexual, Transgender, Queer) 이슈 관련 사내 그룹인 프라이드앳구글(Pride at google)을 운영해 왔는데 2024년 중반, 구글 달력에서 '성소수자 자긍심의 달'(Pride Month)을 없앴다. 또한 '시드니 마디 그라스'(Sydney Mardi Gras)란 퀴어 축제의 후원을 중단했다. 이러한 일련의 변화들은 정치적 압력이나 비용 절감 때문에 실리콘밸리의 행동주의가 사그라들고 있음을 보여준다. 더욱 심각한 상황은 내부 종사자들이 이러한 퇴보에 거의 저항하지 않는 분위기라는 현실이다.

실리콘밸리에는 차별화된 희소한 문화가 있었으나 최근 2년간 미국의 빅테크 기업들에서 수만 명이 대량 해고되는 등 고용 안정성에 대한 우려가 고조되는 양상이다. 2022년에 일차로 진행된 대량 해고는 기업들의 경영악화를 해결하기 위한 불가피한 조치였지만, 2024년에 다시 불어닥친 해고의 칼바람은 다른 요인에 기인한다. 주가 등의 기업 환경이 개선된 상황임에도 빅테크들은 재해고를 대대적으로 단행하고 있다. 이는 남들이 할 때 우리도 해야 한다는 경영진들의 심리가 반영된 해고 열풍으로 '모방 해고'라 일컬어지기도 한다.

모두가 말한다. 한때 혁신의 대명사이자 사회 정의를 위한 정책 기조로도 활용된 실리콘밸리 문화가 위축을 넘어 '해고 천국'으로 전락하고, 기업들이 저마다 실리콘밸리를 떠나는 추세는 멈추어야 한다고. 이에 우리는 과거를 통해 미래의 희망을 찾아보고자 한다. 지금은 숨 가쁘게 앞으로 달려가기보다 우리가 어디서 왔는지를 되돌아볼 필요가 있다는 판단에서다.

Contents

01

우리는 어디서 왔는가?

01
관계와 커뮤니케이션

__정명진

사람은 살아가며 다양한 관계를 맺는다. 태어나서 처음 만나는 부모와의 관계에서 출발해 형제자매, 친구, 직장 동료 등으로 관계를 넓힌다. 관계 맺음 속에서 '나'라는 정체성이 형성되고 변화한다. 인간(人間)은 관계를 토대로 한 사회적 존재다. '사람 인(人)' 자는 두 획이 서로 의지하고 있는 모습이다. '사이 간(間)' 자 역시 관계를 전제한다. 사람과 사람 사이, 하늘과 땅 사이에서 맺는 관계가 인간 존재의 기본 조건이다. 모름지기 '사이'는 혼자서 생성할 수 없는 공간이다.

정글 같은 자연에서 인간은 홀로 생존이 어려운 유약한 존재다. 그럼에도 생존을 넘어 고도의 문명을 이룰 수 있었던 힘은 관계 맺음에서 나온다. 한 명의 인간은 덩치가 수십 배나 큰 매머드와 맞붙으면 잡아먹히겠지만, 관계 맺고 협동할 줄 아는 인간이 여럿 모이면 매머드를 제압해 공동체를 유지하는 식량으로 삼는다. 아리스토텔레스(Aristotle)는 인간이 홀로 살아갈 수 없는 나약한 존재이기에 공동체를 이룰 수밖에 없다고 봤다. 인간은 사회적 동물이다. 관계 맺기는 인간에게 사회적 힘을 부여하며 그 힘을 좌우하는 게 커뮤니케이션이다. 의사소통의 질과 양은 관계 맺음의 강도를 결정하며, 의사소통 수준이 높은 사회는 건강하기 마련이다.

인간은 문명을 이루기 전부터 커뮤니케이션 능력을 증진하기 시작해 고도의 미디어 도구를 만들었다. 현재 인류는 디지털 세상을 구축하면서 물리적 · 공간적 한계를 뛰어넘어 관계 맺는다. 온라인으로 연결되면서 지구적 차원에서 사람과 사람 간 연결까지 가능해졌다. 소셜미디어는 오늘날 가장 강력한 커뮤니케이션 도구다.

관계는 인간 실존의 정수

2011년 10월 5일 타계한 애플의 창업자 스티브 잡스(Steven Jobs)가 병실에서 마지막으로 썼다고 알려진 글이 인터넷에 회자하던 때가 있었다. 잡스가 사망한 지 4년이 지난 2015년 말, 이 글은 소셜미디어를 타고 전 세계로 확산했다. 일부 내용은 다음과 같았다.

> 나는 비즈니스 세상에서 성공의 끝을 보았다. 타인의 눈에 내 인생은 성공의 상징이었다. 하지만 일터를 떠나면 내 삶에 즐거움은 많지 않았다. 결국 부는 내 삶의 일부가 되어버린 하나의 익숙한 사실

일 뿐이었다. 지금 병들어 누워 과거 삶을 회상하는 이 순간, 나는 깨닫는다. 정말 자부심 가졌던 사회적 인정과 부는 결국 닥쳐올 죽음 앞에 희미해지고 의미 없어져 간다는 것을. … 이제야 나는 깨달았다. 생을 유지할 적당한 부를 쌓았다면 그 이후 우리는 부와 무관한 것을 추구해야 한다는 것을. … 내 인생을 통해 얻은 부를 나는 가져갈 수 없다. 내가 가져갈 수 있는 것은 사랑이 넘쳐나는 기억들뿐이다. 그 기억들이야말로 너를 따라다니고, 너와 함께하고, 지속할 힘과 빛을 주는 진정한 부이다. … 가족 간의 사랑을 소중히 하라. 배우자를 사랑하라. 친구들을 사랑하라. 너 자신을 잘 대해 주어라. 타인을 잘 대해 주어라."

잡스는 평생 쌓은 부와 명예가 죽음 앞에서는 보잘것없다며, 나와 평생 관계 맺은 사람과의 소중한 추억만 가지고 떠난다고 말한다. 이 글은 실제 잡스가 쓴 글이 아니라 한 누리꾼에 의해 가공된 것으로 밝혀졌다. 여러 설이 있으나 대만의 한 수필집 내용과 비슷하다는 주장이 가장 설득력 있다. 그럼에도, 이 글이 전 세계 사람들의 공감을 얻은 이유는 인간 실존의 정수를 건드렸기 때문이다.

최근 관계적 존재론에 대한 관심이 커지고 있다. '나'라는 존재는 고정된 게 아니며 어떤 존재와 어떻게 관계 맺느냐에 따라 시시각각 변화한다. 어느 가정에 태어나 어떤 부모 아래에서 자랐는지, 친구 · 동료 · 연인 · 부부 · 자식과 어떻게 관계 맺으며 살아가는지가 한 인간의 삶을 좌우한다. '나는 어떤 사람인가'에 대해 궁금하다면 내 주변 사람들과 어떻게 관계 맺는지 되돌아보면 된다. 자신을 변화시키고 싶다면 관계 맺는 방식을 바꾸면 된다. 커뮤니케이션 방식과 역량이 삶을 좌우할 수도 있다. 최근 커뮤니케이션 전문가들도 '설득'보다 '관계 맺기'가 더욱 중요하다고 말한다. 누군가를 설득하고 싶다면 자신의 주장을 강조하기보다 그 사람과 먼저 관계 맺는 게 우선이다.

언어의 힘, 세상을 정복한 '사피엔스'

유발 하라리(Yuval Harari)는《사피엔스》에서 인간 문명의 발달이 언어를 이용한 의사소통 덕분이라 강조한다. 46억 년의 지구 역사에서 인류는 약 250만 년 전 동부 아프리카의 오스트랄로피테쿠스에서 진화한 것으로 알려져 있다. 현생 인류인 호모사피엔스가 언제 어떻게 진화했는지 명확하게 알 순 없지만, 15만 년 전 동부 아프리카에 살고 있었다는 게 고고학계의 일치된 견해다. 15만 년이라는 지구 역사의 극히 짧은 기간에, 사피엔스는 전 세계로 퍼져 다른 종을 지배하고 멸종시켰다. 사피엔스는 지난 1만 년간 존속한 유일한 인류다.

인류사의 미스터리는 힘세고 덩치도 컸던 네안데르탈인이 사피엔스와의 경쟁에서 밀려 사라진 사건이다. 네안데르탈인은 뇌 용량이 사피엔스보다 작지도 않다. 네안데르탈인의 머리뼈 크기는 현대인과 비슷하거나 더 컸다. 큰 두뇌를 가졌지만 멸종하고만 이 인류는 사냥술과 추위 적응력을 갖춰 이동할 필요가 없었다. 반면 경쟁에서 유일하게 살아남은 사피엔스는 더 멀리 이동하고 교류하며 '사회성'을 형성했고, 다양한 관계에 기반해 뇌 진화를 촉진했다. 네안데르탈인은 혼자 또는 소수만으로도 생존할 수 있었지만, 상대적으로 힘이 약한 사피엔스는 여럿이 모여 서로 의지하며 살아갈 수밖에 없었다. 결국 여럿이 힘을 합쳐 덤벼드는 사피엔스를 소수의 네안데르탈인이 감당할 수 없었을 터이다.

인류 진화 역사에서 약점이 오히려 생존을 위한 강한 무기를 만들어내기도 한다. 언어를 통해 인지 능력에 혁명적인 변화가 일어나면서, 새로운 의사소통과 사고방식이 출현했다. 사피엔스가 사용한 언어는 3가지 측면에서 특별하다. 첫째, 제한된 수의 소리와 기호를 조합해 각기 다른 의미의 문장을 무한히 만들었다. 둘째, 언어를 세상에 대한 정보 공유 수단으로 삼으면서 세상에 대한 이해를 높였다. 세상을 아는 만큼 생존 가능성은 커지기 마련이다. 셋째, 직접 경험하거나 존재하지 않는 것, 심지어 허구를 말할 수 있는 능력까지 갖추었다.

허구를 표현할 수 있는 능력은 막강했다. 더 많은 사람이 한 가지 목표를 향해 협력하려면 가상의 무언가가 필요하다. 경험하고 실재하는 것만 말할 수 있었다면 인간은 혈육으로 묶인, 유전적으로 친화적인 가족공동체에 머물렀을 터이다. 가족공동체는 많아도 수십 명을 넘어설 수 없다. 유전적 거리가 멀어질수록 남이 된다. '우리'와 '그들'이라는 이분법으로 분리되는 순간 '그들'은 '우리'의 생존을 위협하는 적이 된다.

하지만 사피엔스는 실재하지 않는 허구를 표현하고 심지어 믿을 수 있도록 하는 힘이 있었다. 신적 존재에 대한 믿음은 이렇게 탄생했다. 허구의 신적 존재는 사피엔스를 더욱 큰 공동체로 묶어주었다. 근대 이후 인간 사회가 발명한 '국가'도 가상의 실재다. 국가라는 건 손에 잡히지 않지만, 애국심을 불러일으켜 눈물 흘리게 하고, 전쟁에서 목숨까지 바치게 한다. 인류는 종교와 국가 등 허구를 실제화하면서 공동체의 규모를 키웠다. 현생 인류는 언어의 사용으로 관계 맺음을 확대했고, 커뮤니케이션 기술 발전으로 사회적 규모를 더욱 키웠다. 결국 인류는 국가 단위를 넘어 20세기에 지구촌 시대를 열었다.

언어를 통해 소통하고 정보를 공유하며 가상의 실재까지 만들어 타인과 협력할 수 있었던 인간 고유의 능력이 문명 발달의 원천이다. 협력의 대명사인 개미를 능가한다. 고릴라, 오랑우탄, 침팬지 등 유인원과 인간을 구분하는 지점도 의사소통을 통한 협력의 수준을 좌우한다. 특히 침팬지와 고릴라, 그리고 사람은 유전적으로 99% 일치하지만 단 1%의 차이가 인간을 특별한 존재로 만들었다. 관계 맺는 커뮤니케이션의 힘이다. 그 능력이 강화될수록 사회를 이루는 유기적 연결망은 더욱 촘촘해진다.

전 세계로 관계를 확장하는 도구, '소셜미디어'

과거에서 현재로 돌아오면 21세기 인류는 SNS(Social Network Service, 사회관계망 서비스)를 비롯한 각종 소셜미디어라는 강력한 도구를 고안했다. 누구나 미디어를 가질 수 있는 시대다. 소셜미디어로 더 많은 사람과 관계 맺고 소통한다. SNS는 온라인에서 사용자 간 관계 맺기를 지원하고, 인맥을 생성 · 관리 · 확장한다. 정보뿐 아니라 자신의 생각 · 의견 · 경험을 공유할 수 있게 한다. 소셜미디어는 이용자 다수의 집합적 생각과 경험이 공유되는 매개체다. 가이드와이어 그룹(Guidewire Group) 설립자 크리스 쉬플리(Chris Shipley)가 '소셜미디어'란 개념을 처음 사용한 이후 소셜미디어 영역은 SNS를 포함해 블로그, 팟캐스트, UCC, 유튜브(YouTube) 등으로 확장했다.

소셜미디어, 얼마나 많이 사용하고 있을까?

소셜미디어를 통해 세상은 점점 좁아지고 있다. 소셜미디어는 젊은 층을 중심으로 빠르게 성장하면서 세계적으로 큰 이용자 규모를 갖췄다. 소셜미디어와 디지털 트렌드에 대한 연례 보고서인 <디지털 2025>에 따르면, 전 세계에서 52억 4,400만 명이 소셜미디어를 이용하고 있으며, 이는 전 세계 인구의 3분의 2를 웃돈다. 아랍에미리트는 국민의 99%가 소셜미디어를 사용하고 있는 것으로 알려져 있다. 우리나라의 소셜미디어 이용률은 2021년 기준 89%로 전 세계에서 2위였다. 2024년 1월 기준(디맨드세이지 조사) 페이스북(Facebook, 메타)의 월간 활성화 이용자 수(MAU, Monthly Active User)는 약 30억 5천만 명으로 전 세계 1위이며, 왓츠앱(WhatsApp)과 유튜브가 약 27억 명으로 뒤를 잇고 있다. 인스타그램(Instagram)은 25억 명, 위챗(WeChat)과 틱톡(TikTOK)은 16억 7천만 명 순이다. 국내 현황을 보면 2024년 11월 기준(모바일인덱스 조사) 유튜브가 4,547만 명으로 1위다. 오랫동안 1위 자리를 지켰던 카카오톡(4,525만 명)은 2위로 밀렸다. 인스타그램 2,262만 명, 당근 1,746만 명, 네이버밴드 1,707만 명, 페이스북 857만 명 순이다.

온라인에 기반을 둔 소셜미디어는 오프라인 현실 세상의 일상까지 바꾸고 있다. 예컨대, 우리의 하루는 카카오에서 시작해 카카오로 끝난다. 알람 대신 설정한 '카카오뮤직'을 들으며 일어나 '카카오톡'을 열어 밤새 온 메시지를 확인하고, '카카오그룹'에 있는 친구들과 대화하며 '카카오게임'을 하고, '카카오톡 채널'에서 뉴스를 검색하며, 점심은 '카카오페이'로 결제한다. '카카오헤어샵'에서 머리를 깎으며 '카카오스토리'에 올라온 지인들 소식을 살피고 '카카오뱅크'를 통해 송금한다. '카카오맵'으로 검색해 회식 장소를 찾아가고, '카카오택시'

를 불러 귀가하면서 '카카오TV'를 시청하는 식이다.

온라인 서비스는 오프라인에서는 불가능한 일까지 수행할 수 있는 잠재력이 있다. 협업과 집단지성으로 작성되는 '위키디피아(Wikipedia)'의 콘텐츠는 책으로 만들면 수백만 페이지에 달하며, 전체를 읽는데 족히 100년 이상 소요될 것이다. 최근 온라인을 통한 크라우드펀딩이 활발해지면서 영화의 상업성에 사회적 의미를 더하는 현상도 등장했다. 〈판도라〉, 〈눈길〉, 〈귀향〉, 〈재심〉, 〈노무현입니다〉, 〈카트〉, 〈26년〉 등의 크라우드펀딩 영화에 십시일반 하는 사람들은 수익보다 영화 제작과 관람으로 사회적 가치 실현하는데 더 중점을 두기도 한다.

커뮤니케이션의 매개체 '미디어'의 발전

커뮤니케이션을 위해서는 일정한 매개체, 즉 미디어가 필요하다. 우리가 친구와 얼굴을 마주 보고 대화할 때도, 음성뿐만 아니라 표정이나 몸짓을 사용한다. 이 모든 게 커뮤니케이션을 가능케 하는 매개체로서 미디어라 할 수 있다. 언어를 전달하는 '말'은 가장 기본적인 미디어다. 문자가 등장하기 이전 선사시대는 인류 역사의 99.8%에 해당하지만, 이 시기의 '말'은 기록되지 않아 파악할 수 없다. 말은 특정 공간과 시간을 공유하는 사람에게만 유효하며, 시공간적 한계를 지닌다. 즉, 말은 한번 뱉으면 사라진다.

말은 고고학 탐구의 영역이다. 음성언어는 구석기 말(BC 35,000~10만년)부터 사용한 것으로 알려져 있다. 지질학자 루이 라테(Louis Lartet)가

1868년 프랑스 남서쪽 동굴에서 크로마뇽인 유골을 발견했다. 두개골 크기나 턱과 혀의 신축성을 근거로 유추할 때, 구석기 사피엔스의 주요 특징을 지녔다. 구석기에서 신석기로 넘어가기 직전, 구석기 말에는 여러 가지 생활상의 변화로 음성언어가 출현했을 것으로 추정된다. 주로 수렵과 채집을 하면서 여러 동굴을 근거지로 이동 생활하다가 점차 움집을 짓고 정착 생활을 시작했을 터이다. 신석기에 들어서면서 농경을 시작하고 씨족 단위의 부족사회가 출현하면서 노동과 생활세계가 복잡해진다. 몸짓언어의 한계를 느끼고 입으로 의사소통해야 하는 필요성이 더욱 높아졌을 것이다.

말이 시공간의 한계에 갇혀 있다면, 기록 문자인 글은 그 한계를 뛰어넘는다. 처음에는 말의 한계를 극복하기 위해 그림이나 상징을 활용했다. 동굴 뼈와 동굴벽화에 그 흔적이 남아있다. 그림은 점차 문자로 진화한다. 기원전 3,500년경에 수메르 지역에 쐐기문자가 등장했으며, 기원전 1,600년경에 중국 은나라에서 갑골문자가 체계를 갖췄다. 수메르의 쐐기문자는 그리스의 알파벳과 로마제국 시대를 거쳐 더욱 정교해진다. 문자는 그림 형태에서 점차 추상적 기호로 진화했다.

중세에서 근대로의 이행을 촉진한 인쇄술은 최초의 매스미디어다. 문자를 대량으로 복제할 수 있게 되면서 더 많은 사람에게 자신의 의견과 사상을 전파하는 게 가능해졌다. 문자가 영향력을 발휘할 수 있는 시공간을 대폭 확대한 인쇄술은 인류 역사상 가장 위대한 발명품이다. 유럽에서는 1,400년 중반 인쇄술이 등장하면서 종교개혁과 상업혁명, 산업혁명 시민혁명을 촉발하는 계기가 되었고, 근대의 문을 활짝 열었다.

근대에서 현대로 넘어오며 인류의 커뮤니케이션은 책을 넘어 전파, 그리고 디지털로 확장한다. 모스 부호의 창시자 새뮤얼 모스(Samuel Morse)가 1837년 발명한 전신기는 텔레커뮤니케이션(telecommunication)의 시초가 됐다. 라틴어로 '텔레(tele)'는 멀다는 뜻인데 전기적 방법을 활용해 문자 · 음성 · 영상 등의 정보를 동시에 멀리 전달할 수 있게 했다. 라디오와 TV의 시대가 열린 것이다.

사람들이 라디오와 TV 앞으로 몰리던 20세기에 인류는 디지털이라는 새로운 매개체를 다루기 시작했다. 1946년 최초의 컴퓨터 에니악(ENIAC, Electronic Numerical Integrator And Computer)이 발명된 이래, 1968년에는 인터넷의 시초인 아르파넷(ARPANet, Advanced Research Project Agency)이 등장했으며, 1989년 웹(Web)이 개발됐다. 그리고 그 해에 베를린 장벽이 붕괴했다. 디지털 커뮤니케이션은 베를린 장벽이 무너진 것 이상의 파급효과를 가져왔다. 디지털은 기존 매스미디어인 TV · 라디오 · 신문 · 잡지와 질적인 차이를 보인다. 디지털은 경계를 허물고 융합한다. 생산자와 소비자의 합성어인 프로슈머(Prosumer), 프로페셔널과 아마추어의 합성어인 Proteur(프로추어) 개념이 유행했다. 디지털의 등장으로 대중에서 개인으로 주도권이 넘어오는 시대 변화가 시작됐다. 특히 개인 간 연결성을 향상하면서 소통하고 협력하는 인간의 본성을 일깨웠다.

소셜미디어 시대의 미래, 과거에서 답을 찾아야

인류의 역사는 커뮤니케이션과 미디어가 상호 확장되는 방향으로 발전했다. 역사적 맥락 위에서 바라봐야 소셜미디어 현상을 제대로 이해할 수 있다. 19세기 영국 시인 조지 고든 바이런(George Gordon Byron)은 "미래에 대한 가장 좋은 예언자는 바로 과거다(The best prophet of the future is the past)"라는 말을 남겼다. 프랑스 소설가 베르나르 베르베르(Bernard Werber) 역시 《아버지들의 아버지》에서 인간의 기원을 다루며 우리가 어디서 왔는지 알면, 우리가 가고자 하는 길을 제대로 찾을 수 있다는 메시지를 던졌다.

소셜미디어는 잠시 관심을 모았다가 사라질 단순한 유행이 아니다. 인쇄술이 중세에서 근대로 사회변동을 추동했듯이, 인간은 소셜미디어를 이용해 새로운 문화를 쓸 것이다. 몇몇 소수의 전유물이었던 최신 미디어 기술의 혜택을 이제는 누구나 누릴 수 있게 되었다. 커뮤니케이션 기술의 민주화가 '권력의 민주화'로 이어질 수 있을까? 근대가 이루지 못한 과제를 소셜미디어가 해결할 수 있을지도 관심사다.

연결과 관계만으로도 사람은 바뀔 수 있다. 누구와 연결되어 어떤 방식으로 관계 맺느냐에 따라 존재 양식이 달라진다. 비단 인간 사이의 관계뿐 아니라 인간과 기술의 관계도 중요한 문제다. 인간 문명과 미디어 기술은 함께 공진화했다. 미디어 기술을 어떻게 사용하느냐에 따라 미래 인류의 역사적 방향은 달라질 것이다. 소셜미디어의 혁신과 그에 따른 부작용이 공존하는 지금, 우리는 기로에 서 있다.

02
컴퓨터, 네트워크, 그리고 인터넷

_ 김병수

인간은 연결된 관계 속에서 살아간다. 관계없이 혼자 존재할 수 있는 인간은 없다. 이러한 연결은 단지 가족이나 친구 사이의 정서적 유대에 그치지 않는다. 오늘날 우리는 '착한 노쇼 기부'나 '#돈쭐' 같은 새로운 사회 환경 속에서 익명의 누군가를 향한 배려, 응원, 공감의 실천을 경험한다. 이는 모두가 연결된 사회, 함께 살아가는 세상을 향한 몸짓이다.

사회적 연결의 가능성은 정보와 기술의 진보에 따라 확장했다. 특히 컴퓨터의 등장은 인간과 인간, 인간과 기계, 그리고 정보와 사회를 연결하는 기반을 제공하며, 새로운 차원의 상호작용을 가능하게 했다. 초기에는 단순히 데이터를 계산하고 저장하는 자동화 도구에 불과했으나 컴퓨터는 점차 인간의 삶 깊숙이 스며들며, 정체성과 사고방식은 물론 사회적 관계의 구조까지 변화시키는 존재로 진화했다.

컴퓨터의 진화, 새로운 연결의 시대

세계 최초의 컴퓨터는 1946년에 등장한 에니악이었다. 에니악은 축구장만 한 크기에 수만 개의 진공관을 장착하고 있었으며, 단 하나의 계산을 수행하는 데도 엄청난 시간과 전력이 소요되었다. 이 때문에 1950~60년대 에니악과 같은 컴퓨터는 군사나 과학적 연구 등 특정 집단만이 접근할 수 있는 고가의 장비였고, 컴퓨터 기술은 소수 엘리트의 권력 수단이었다.

에니악이 등장한 지 30년도 채 지나지 않은 1975년 세계 최초의 상업용 개인 컴퓨터인 알테어 8800(Altair 8800)이 출시되면서 본격적인 개인용 컴퓨터 시대가 열렸다. 이어서 애플I(Apple I, 1976), 애플 II(Apple II, 1977), IBM PC(1981), 매킨토시(Macintosh, 1984) 등 누구나 책상 위에 둘 수 있는 PC(Personal Computer)들이 잇따라 출시되었다. 컴퓨터는 더 이상 기업이나 정부의 전유물이 아닌 학교 · 사무실 · 가정의 필수 도구로 자리 잡았다.

1970년대 중반부터 본격화된 PC 혁명은 기술의 대중화를 이끌며 기존 권력 구조에 변화를 일으켰다. PC가 점차 일반 대중에게 보급되면서 기술은 더 이상 국가나 대기업의 전유물이 아닌 개인의 도구로 자리 잡았고, 이에 따라 기술 권력도 분산되었다. 이는 곧 '대중에게 권력을'(Power to the People), 즉 기술을 통한 시민권의 확대라는 흐름으로 이어졌다. 사람들은 단순히 정보를 소비하는 데 그치지 않고, 자신만의 콘텐츠를 만들고 표현할 수 있는 능동적 존재로 변하기 시작했다. 이러한 흐름 속에서 컴퓨터는 문서 작업을 넘어 그래픽 디자인, 영상 편집, 프로그래밍 등 다양한 창조적 활동을 가능케 하는 도구로 진화했다. 즉, 컴퓨터는 개인의 역량을 확장하는 기술적 플랫폼이자 인간의 상상력과 창의력을 실현하는 핵심 수단으로 자리매김했다.

이러한 흐름은 기술 민주화뿐 아니라 문화적 변화를 동반했다. 스티브 잡스는 "컴퓨터는 기술자가 아닌 창의적인 사람들을 위한 도구여야 한다"고 강조하며 기술을 통해 새로운 문화를 창조하고자 했다. 그는 "당신은 설탕물을 팔며 인생을 보낼 건가요? 아니면 세상을 바꿀 기회를 잡고 싶나요?"라는 말로, 기술을 통한 세상 변화의 비전을 분명히 했다. 잡스의 이런 철학은 이후 디지털 기술을 사회적 혁신의 수단으로 바라보는 다양한 시도들로 이어졌다.

이베이(eBay) 창립자인 피에르 오미디야르(Pierre Morad Omidyar)의 철학과 실천은 이를 잘 보여주는 사례다. 그는 '사람들은 본질적으로 선하다'는 신념을 바탕으로 정보 개방과 신뢰를 중심으로 한 온라인 경매 플랫폼을 설계했다. 오미디야르는 이베이를 단순한 이익 추구의 장이 아니라, 개인들이 자유롭게 거래하고 공동체를 형성할 수 있는 사회적 실험 공간으로 만들고자 했다. 그 일환으로 기업 상장 전에 자사주를 기부해 이베이 재단을 설립했고, 오미디야르 네트워크(Omidyar Network)를 통해 공익과 수익을 결합한 사회적 자본 모델을 실험했다.

사무자동화(OA, Office Automation) 혁명

사무자동화(office automation)는 각종 사무를 컴퓨터 등으로 작업하는 걸 말한다. 수일 걸릴 각종 보고서 작성이나 야근 작업을 하루나 이틀, 혹은 당일에 처리할 수 있도록 혁신했고, 보존이 어려운 다량의 종이 서류의 정보를 플로피 디스켓, CD ROM, USB 대용량 기억장치에 담도록 해 저장 공간을 효율화했다. 사무자동화는 노동의 패러다임을 바꾸며 일부 직업은 소멸하고 새로운 직업이 등장했다. 이는 19세기 초반 영국의 섬유공장에서 기계를 파괴해 일자리를 지키자고 주장한 러다이트(Luddite) 운동과 유사한 반응을 불러일으켰다. 그러나 사무자동화 기술은 사람들 속에 파고들어 이들과 함께 진화했다.

무어의 법칙(Moore's Law)

20세기 중반 이후 반도체 기술의 비약적인 발전을 상징적으로 보여주는 개념이다. 이 용어는 1965년, 미국의 반도체 기업인 인텔(Intel)의 공동 설립자 고든 무어(Gordon Moore)가 전자공학 전문지에 기고한 글에서 처음 제시됐다. 그는 반도체 칩에 집적되는 트랜지스터 수가 약 1년 반에서 2년 주기로 두 배씩 증가하고 있다는 경향을 관찰하고, 이러한 추세가 당분간 지속되리라 전망했다. 이러한 예측은 단순한 수치상의 가정을 넘어, 디지털 기술 전반에 걸친 진보의 흐름을 설명하는 중요한 이론적 틀로 받아들여졌다. 실제로 컴퓨터의 연산 능력은 꾸준히 향상되었다. 동시에 소형화와 가격 하락이 병행하면서 대중의 접근성도 크게 개선되었다. 무어의 법칙은 이러한 기술 발전의 속도를 설명하는 하나의 기준으로 작용했고, 반도체 산업뿐 아니라 IT(Information Technology, 정보통신기술) 전반의 혁신 동력으로 기능했다. 시간이 흐르면서 무어의 법칙에 대한 회의적인 시선도 등장했다. 미세공정 기술의 한계에 따라 트랜지스터를 더 작고 촘촘하게 배치하는 게 점차 어려워졌고, 트랜지스터 수의 증가 속도도 둔화하기 시작했다. 2010년대 중후반부터는 무어의 법칙은 더 이상 기존의 예측처럼 작동하지 않는다는 분석이 제기되었고, 일부에서는 이 법칙의 종료를 선언하기도 했다. 그럼에도 반도체 기술은 다른 방식으로 새로운 경로를 모색하고 있다. 단일 칩 내 구조의 혁신, 연산 효율을 높이기 위한 병렬처리 기술, 인공지능(AI, Artificial Intelligence) 연산에 최적화된 프로세서의 등장, 나아가 양자 컴퓨팅 같은 차세대 기술은 기존의 성능 향상 곡선을 다른 방식으로 이어가고자 하는 시도들이다. 이러한 흐름은 무어의 법칙이 가졌던 역사적 의미를 되새기게 하면서도, 기술 발전이 단일 경로가 아닌 다양한 차원에서 이루어지고 있다는 사실을 보여준다.

네트워크의 진화와 초연결사회

개인용 컴퓨터의 등장이 기술 권력을 권력자에서 시민으로 이동시키는 결정적 계기였다면, 컴퓨터 네트워크 간 연결은 그 기술적 · 사회적 가치를 비약적으로 확장하는 또 하나의 중대한 전환점이었다. 초기 컴퓨터는 단일 사용자가 제한된 작업을 수행하는 고립된 전자장치에 불과했다. 그러나 네트워크를 통해 서로 연결되면서 단순 계산기나 저장 도구를 넘어 정보 공유와 협업, 인간 상호작용의 중심 매체로 진화했다.

네트워크는 독립적인 컴퓨터들을 연결함으로써 새로운 가능성을 열었다. 이는 단순한 기술 혁신을 넘어 인간의 사고 구조와 사회적 관계 자체를 변화시키는 계기가 되었다. 정보를 저장하고 처리하는 기계들을 상호 연결하면서 우리는 지식의 집단 생산과 분산, 실시간 소통과 공동 창작이라는 새로운 사회 구조를 실현했다. 결과적으로 컴퓨터는 고립된 기계에서 벗어나 사람과 사람, 생각과 생각을 연결하는 커뮤니케이션 매개체이자, 새로운 공동체와 지식 생태계를 가능케 하는 핵심 인프라로 자리했다. 이 흐름은 네트워크 인프라 발전과 함께 더욱 가속화되었다. 오늘날 우리는 스마트폰 하나만으로 언제 어디서든 인터넷에 접속해 전 세계 소식을 실시간으로 주고받는다.

초기 네트워크 환경에서는 음성 통신이 전화망, 방송은 지상파나 케이블, 데이터 통신은 위성 등으로 각 영역이 제각기 분리되어 있었고, 연결은 협역(narrowband) 기술에 의존해 느리고 제한적이었다. 이후 광대역(broadband) 기술 도입과 무선 통신 발전으로 이러한 한계는 점차 극복되었다. 유선 중심의 인터넷 환경은 Wi-Fi, LTE, 5G 같은 무선 기술의 발달을 통해 시공간의 제약을 넘어서는 유비쿼터스(Ubiquitous) 환경으로 진화했다. 유비쿼터스란 언제 어디서나 어떤 기기로든 연결 가능하다는 뜻으로 단순히 컴퓨터나 스마트폰에 그치지 않고, 냉장고 · 시계 · 자동차 등 다양한 가전제품까지 네트워크에 연결되는 초연결사회(Hyper-connected Society)의 문을 열었다.

초연결사회 개념은 모바일 시대와 IT 발전과 함께 대두되었으며, 사람과 사물 간의 복잡한 네트워크가 새로운 사회 · 경제적 변화를 이끄는 걸 말한다. 사람과 사람, 사람과 사물, 사물과 사물 간 연결이 가능해지는 이 세계는 사물인터넷(IoT: Internet of Thing)을 넘어 모든 게 연결되는 만물 인터넷(IoE: Internet of Everything)으로 확장 중이다.

현재 지구상에 존재하는 약 1조 5천억 개의 사물 중 인터넷에 연결된 건 약 100억 개, 전체의 0.6%에 불과하다고 한다. 이는 앞으로 연결 가능성이 무궁무진하다는 점을 시사한다. 초연결사회의 미래가 단순한 연결의 양적 증가를 넘어 서비스를 비롯해 콘텐츠, 도시 구조, 교육, 예술, 금융 등 전 산업과 일상에 걸쳐 새로운 질서와 생태계를 구축할 것임을 예고한다.

5G, 인공지능, 빅데이터, 가상현실(VR, Virtual Reality), 증강현실(AR, Augmented Reality) 등 첨단 기술의 결합은 초연결사회의 기반을 공고히 다지며, 인간 삶의 거의 모든 영역을 디지털화하고 있다. 이러한 기술 진화는 결국 인간의 관계성과 공동체 구조를 다시 정의하며, 새로운 사회적 규범과 윤리, 나아가 정치적 상상력을 요구한다.

인터넷의 등장: 연결의 기술에서 협력의 플랫폼으로

초연결사회의 기술적 기반은 단지 개별 기기들의 연결을 넘어 인간의 삶과 공동체를 통합하는 정보 생태계를 형성하는 데 있다. 그 중심에는 인터넷이 있다. 인터넷은 단순히 컴퓨터를 연결하는 네트워크가 아니라 네트워크들이 다시 서로 연결된 네트워크들의 네트워크(a network of networks)다. 다시 말해, 인터넷은 컴퓨터와 네트워크가 결합한 구조로, 전 세계 수십 억대의 컴퓨터를 하나로 연결하는 거대한 통신망이다. 인터네트워크(inter-network)란 이름에서 알 수 있듯이, 여러 통신망을 하나로 아우르는 확장성과 포괄성을 내포하고 있다. 인터넷은 단지 정보를 주고받는 기술 이상의 의미를 지닌다. 인터넷을 통한 연결이 가능해지면서 우리는 정보와 사람, 그리고 세상과의 관계를 이전과 전혀 다른 방식으로 맺게 되었다. 기술이 인간의 존재 방식과 사회 구조를 어떻게 바꾸는지 보여주는 결정적 사례이기도 하다.

오늘날 우리가 공기처럼 당연하게 여기고 있는 인터넷은 냉전 시대, 군사적 위기 속에서 태동했다. 1957년 소련이 세계 최초의 인공위성 '스푸트니크'를 발사하자 미국은 과학기술 경쟁에서 뒤처졌다는 위기감을 느꼈다. 이른바 '스푸트니크 쇼크'다. 미국은 즉각 나사(NASA, National Aeronautics and Space Administration)를 설립함과 동시에 첨단 과학기술 연구를 위한 기관인 아르파(ARPA, Advanced Research Projects Agency)를 설립했다. 이 기관이 훗날 인터넷의 기원이 되는 아르파넷(ARPANet)으로 이어지게 된다. 아르파넷은 군사 위기 상황에서도 통신망이 마비되지 않도록, 일부 회선이 파괴돼도 다른 경로로 통신이 가능한 분산형 네트워크 구조를 기반으로 했다. 당시로서는 매우 혁신적이었다. 이후 아르파넷은 점점 더 많은 컴퓨터를 연결했고 오늘날의 인터넷으로 확장했다.

우리가 흔히 말하는 인터넷과 월드와이드웹(WWW, World Wide Web)은 같지 않다. 인터넷이 전 세계의 컴퓨터를 연결하는 통신망 전체를 의미한다면, 웹은 그 위에서 작동하는 하나의 서비스다. 1990년 유럽입자물리연구소(CERN)의 물리학자 팀 버너스리(Tim Berners-Lee)가 텍스트, 이미지, 하이퍼링크로 구성된 정보 공간을 설계했고, 이를 웹이라 불렀다. 당시 전 세계 웹사이트 수는 130개에 불과했지만, 몇 년 지나지 않아 폭발적으로 증가하면서 인터넷의 대명사로 자리 잡았다.

웹의 확산에는 '오픈 아키텍처(Open Architecture)'라는 철학이 깔려 있었다. 누구나 참여할 수 있고, 누구나 새로운 콘텐츠를 만들 수 있는 개방형 구조, 닫힌 시스템이 아니라 열린 플랫폼이었기에 웹은 빠르게 진화할 수 있었다. 이러한 개방성과 연결성은 이후 디지털 미디어 환경의 기본 전제가 되었고, 인터넷은 점점 더 사람과 사회를 연결하는 플랫폼으로 성장했다.

연결의 위력은 2010년 중남미에 있는 아이티 대지진 당시 극명하게 드러났다. 당시 인터넷은 단순한 정보 도구를 넘어 생명을 구하고 전 세계 시민들이 협력할 수 있도록 만든 통로가 되었다. 트위터(Twitter)는 재난 현장의 상황을 실시간으로 전했다. 페이스북은 실종자와 생존자의 정보를 공유하는 창구가 되었다. 구글(Google)의 지메일(Gmail)은 구조대 간의 실시간 소통을 가능하게 했다. 스카이프(Skype)는 현장과의 영상 인터뷰와 원격 회의를 지원했고, 유튜브는 생중계를 통해 전 세계 시민들을 연결했다. 이처럼 인터넷은 정보를 전달하는 도구를 넘어 인간이 협력하고 함께 살아갈 수 있도록 돕는 기술로 진화했다.

컴퓨터와 네트워크, 그리고 인터넷은 단순한 기술 발전의 산물이 아니다. 이 기술들은 함께 살아가는 삶을 가능하게 하는 연결의 출발점이며, 우리 사회를 더불어 살게 하는 관계의 도구다. 문학을 통해 공동체와 삶의 의미를 탐구한 전우익 선생은 "혼자만 잘 살믄 별 재미없니더, 뭐든 여럿이 노나 갖고, 모자란 곳을 두루 살피면서 채워주는 것, 그게 재미난 삶 아니껴"라고 말했다. 혼자만의 삶은 삭막하고 외로울 뿐이다. 진정한 삶의 의미는 서로 어우러져 살아가는 데 있다. 인간은 본래 관계 맺음과 연결 속에서 성장하며, 감정을 나누고 의미를 함께 만들어가는 존재다.

인터넷은 이러한 관계와 연결의 영역을 한층 넓히는 기술이다. 세상의 고통에 공감하고 서로의 부족함을 채워주는 '연결의 힘'은 기술이 추구해야 할 본질적 가치다. "의존 없이 자립은 없다"는 말처럼 연결이 단절된 삶은 결국 고립으로 이어질 뿐이다. 컴퓨터와 네트워크, 그리고 인터넷은 우리가 서로를 깊이 이해하고 함께 살아갈 수 있도록 돕는 수단이며, 더불어 살아가는 삶이라는 오래된 지혜를 현대 기술로 구현해 가는 과정이었다.

03

웹 서비스의 등장과 진화

__ 김병수

"웹은 컴퓨터의 네트워크가 아니라, 사람들의 네트워크다." (팀 버너스리, 1989)(The web is not a network of computers, the web is a network of people)

인터넷이 전 세계 수십 억대의 컴퓨터를 하나로 연결하는 거대한 네트워크라면 웹은 그 위에서 사람과 사람, 정보와 정보, 서비스와 일상을 연결하는 사용자 중심의 공간이다. 웹의 등장은 단순한 기술 진화를 넘어 인간의 소통 방식과 사회 구조를 변화시키고, 민주주의의 새로운 가능성까지 열어준 중요한 전환점이었다. 우리는 웹을 통해 단순한 정보 검색과 공유를 넘어 참여하고 창작하며, 서로 연대하는 경험을 나눈다. 이렇게 웹은 정보화 사회의 토대를 넘어 연결된 사회를 살아가는 새로운 방식이 되었다.

월드와이드웹(World Wide Web)의 탄생

1989년 유럽입자물리연구소의 컴퓨터 과학자 팀 버너스리는 인간의 지식과 정보를 비선형적으로 연결할 수 있는 새로운 시스템을 구상했다. 당시 유럽입자물리연구소는 인사이동이 잦아 실험 결과나 중요 문서들이 쉽게 유실되는 문제가 있었다. 이를 해결하기 위해 그는 〈Information System: A Proposal〉이라는 문서를 통해 혁신적 아이디어를 제안했다. 그의 구상은 단순한 문서 체계화를 넘어, 텍스트는 물론 소리와 영상까지 포괄하는 데이터베이스를 구축하고 이를 누구나 열람할 수 있는 소프트웨어 환경까지 포함했다. 그리고 1년 뒤 이를 구현하는 기술적 기반을 완성하고 월드와이드웹을 탄생시켰다.

웹은 하이퍼텍스트(Hypertext), HTML(Hyper Text Markup Language), HTTP (Hyper Text Transfer Protocol), URL(Uniform Resource Locator)이라는 네 가지 핵심 기술을 중심으로 구현된다. 이러한 기술을 통해 웹이 탄생했으나 그 정신을 이끈 건 연결과 공유라는 철학이었다. 이를 바탕으로 버너스리는 웹을 특정 개인이나 기업의 소유가 아니라 인류 모두의 공동 자산으로 만들었다. 그는 웹 기술과 관련해 어떤 특허도 주장하지 않았으며, 누구나 자유롭게 접근하고 사용할 수 있도록 열어두었다. 이러한 선택은 웹의 본질이 단순한 기술이 아니라 연결된 인간성과 열린 협업이라는 점을 분명히 보여준다.

연결과 공유의 철학은 또 한 명의 혁신가인 스티브 잡스를 통해서도 실현되었다. 1988년 애플에서 해고된 잡스는 넥스트(NeXT)라는 회사를 세웠고, 이때 개발된 넥스트 컴퓨터는 웹의 초기 개발 환경으로 활용되었다. 결과적으로 잡스 또한 웹 생태계의 출발에 이바지한 셈이다. 훗날 스탠퍼드 졸업식 연설에서 그는 "해고는 내게 일어난 최고의 일"이었다며, 그것이 초심을 되찾는 계기가 되었다고 고백했다. 그건 도전과 혁신, 새로운 연결에 대한 갈망이었고 월드와이드웹이 품고 있는 정신과 깊이 닮아있다.

팀 버너스 리와 웹의 탄생

월드와이드웹은 현대 정보사회의 근간을 이룬 기술이었다. 그러나 그 시작은 매우 인간적인 문제의식에서 출발했다. 혁신의 중심에는 영국의 컴퓨터 과학자 팀 버너스 리가 있었다. 그는 1955년 런던에서 태어났다. 부모인 콘웨이 버너스 리와 메리 리 우즈는 둘 다 수학자이자 컴퓨터 과학자로 1950년대 초 세계 최초의 상업용 컴퓨터 '페란티 마크 1(Ferranti Mark 1)' 개발에 참여한 인물들이었다. 수학과 컴퓨터를 자연스럽게 접한 어린 시절, 팀은 호기심과 탐구심이 강했고 기차 모형을 만들며 전자 회로에 관심을 가졌다. 옥스퍼드 대학 재학 시절에는 직접 부품을 조립해 자신의 첫 컴퓨터를 만들기도 했다. 대학에서 물리학을 전공한 그는 졸업 후 여러 기술 회사를 거쳐 1980년 유럽입자물리연구소에서 컨설턴트로 일하게 된다. 당시 연구소에는 다양한 운영체제와 데이터 시스템이 혼재해 있었고, 연구원들이 서로 정보를 공유하는 데 큰 어려움을 겪었다. 이 문제를 해결하고자 하이퍼텍스트 개념을 응용한 내부 정보 시스템 '인콰이어(Enquire)'를 개발했으나 개인적 실험 수준에 머물렀다. 본격적인 전환점은 1984년 그가 연구소에 다시 정식 연구원으로 복귀한 뒤였다. 1989년에 그는 <Information Management: A Proposal>이라는 문서에서 인터넷의 모든 문서와 데이터를 하이퍼텍스트로 연결해 검색하고 공유할 수 있는 '정보 공간' 개념을 제안했다. 그의 상사였던 마이크 센달(Mike Sendall)은 이 제안서에 "모호하지만 흥미롭다"는 메모를 남기고 개발을 허락했다. 이후 버너스 리는 HTML, URL, HTTP라는 웹의 세 가지 핵심 기술을 고안하고 구현했다. 그는 동료 로버트 카이유(Robert Cailliau)와 함께 첫 웹 브라우저와 웹 서버를 구축했고, 1990년 최초의 웹페이지가 유럽입자물리연구소 내부에서 작동하기 시작했다. 이 시스템은 1991년 대중에 공개되었고, 그는 웹의 이름을 'Information Mine' 또는 'Mesh'로 고려했으나 어감이나 의미상 한계로 '월드와이드웹'이라 확정했다. 연구소를 설득해 웹 기술을 무료로 대중에게 공개했고, 1993년 전 세계에 불과 130개였던 웹사이트 수를 1994년 2,400개 이상으로 증가시켰다. 같은 해, 버너스 리는 매사추세츠 공과대학교(MIT, Massachusetts Institute of Technology)로 옮겨 웹의 개방성과 중립성을 지키기 위한 '월드와이드웹 컨소시엄(W3C)'을 설립했다. 그는 웹을 상업화하지 않고 모두에게 무료로 개방하는 길을 택했다. 이는 오늘날 우리가 알고 있는 자유롭고 보편적인 인터넷 생태계의 기초가 되었다. 2012년 런던 올림픽 개막식에서 그는 전 세계 9억 명의 시청자 앞에서 이렇게 트윗을 남겼다. "이것은 모두를 위한 것입니다(This is for everyone)." 이는 그가 웹에 품었던 가장 근본적인 철학을 상징하는 말이었다.

웹 브라우저(Web Browser)

열린 철학과 기술이 만나 탄생한 월드와이드웹은 누구나 정보를 만들고 공유하며 서로 연결될 수 있는 새로운 환경을 열어주었다. 하지만 이러한 혁신이 실제로 사람들의 일상에 자리 잡으려면, 모두가 쉽게 접속하고 활용할 수 있는 도구가 필요했다. 그 역할을 한 게 바로 웹 브라우저였다. 웹 브라우저는 사용자가 인터넷 속 웹페이지를 쉽게 찾아보고 정보를 얻으며 다양한 온라인 활동을 할 수 있게 돕는 소프트웨어다. 그래픽사용자인터페이스(Graphic User Interface)를 갖추고, 웹 서버와 소통하며 HTML 문서나 여러 파일을 화면에 보여주는 대표적인 응용 프로그램이다. 월드와이드웹이 탄생한 이후 웹 브라우저는 대중에게 웹을 전달하고 활성화하는 데 큰 역할을 했다.

웹 브라우저의 시초는 1993년 미국 일리노이대학교 국립슈퍼컴퓨팅응용센터(National Center for Supercomputing Applications, NCSA)에서 마크 안드레센(Marc Andreessen)과 동료들이 개발한 모자이크(Mosaic)였다. 모자이크는 비상업적 용도로 누구나 자유롭게 사용할 수 있도록 만들어졌다. 그래픽사용자인터페이스 기반으로 이전의 텍스트 중심 인터넷과 확연히 다른 경험을 제공했다. 이 혁신적 기술은 일반 사용자들도 쉽게 웹에 접근할 수 있게 함으로써 웹 확산에 결정적 역할을 했다.

1994년 안드레센은 실리콘밸리로 이동해 넷스케이프 내비게이터(Netscape Navigator)를 개발했다. 넷스케이프는 빠른 속도와 안정성으로 큰 인기를 얻었고, 1995년 웹은 당시 PC통신 중심의 네트워크를 완전히 대체하며 대세가 되었다. 그러나 곧 경쟁자가 등장했다. 마이크로소프트는 1995년 국립슈퍼컴퓨팅응용센터에서 모자이크 라이선스를 받아 인터넷 익스플로러(Internet Explorer)를 출시했고, 이를 자사 운영체제인 윈도우(Windows)에 기본 탑재하며 시장을 장악했다. 이에 따라 넷스케이프는 점차 위축되었고, 이후 오픈소스 기반 모질라 재단(Mozilla Foundation)의 파이어폭스(Firefox)로 명맥을 이어갔다.

인터넷 익스플로러는 한때 세계 시장 점유율 90%에 육박하며 독점적 위치를 점했으나, 운영체제 의존성과 폐쇄적 구조, 그리고 모바일 환경 대응 실패로 점차 외면받았다. 특히 2007년 아이폰 출시 이후 모바일 친화적인 사파리(Safari)와 구글 크롬(Chrome) 등의 브라우저가 등장하면서 인터넷 익스플로러의 점유율은 급격히 떨어지고, 결국 역사 속으로 사라졌다. 현재 웹 브라우저 시장은 구글 크롬이 압도적인 점유율을 차지한 가운데 사파리, 파이어폭스, 엣지(Edge) 등이 뒤를 잇고 있다. 웹 브라우저 발전사는 인터넷 사용 방식의 변화와 맞닿아 있으며 개방성, 확장성, 그리고 사용자 경험의 진화를 이끄는 핵심 플랫폼으로 자리 잡았다.

<표 1> 세계 웹 브라우저 시장 점유율(2025.3)

웹 브라우저	점유율 (%)
Google Chrome	66.16%
Apple Safari	17.62%
Microsoft Edge	5.17%
Mozilla Firefox	2.52%
Samsung Internet	2.22%
Opera	2.14%

출처: Statcounter Global Stats

웹 서비스의 진화

웹 브라우저의 발전은 단순한 기술 진보를 넘어, 사람들이 인터넷을 사용하는 방식을 근본적으로 바꾸어 놓았다. 웹은 기술과 사용자 경험이 함께 발전해 온 역사이며, 그 연장선상에 다양한 웹 서비스가 자리한다. 초기 웹 서비스는 단순히 정보를 제공하는 데 그쳤지만, 시간이 흐르면서 사용자 참여와 상호작용을 중심으로 진화했다. 그 결과 오늘날 우리가 일상처럼 사용하는 소셜미디어가 탄생했다. 소셜미디어는 갑자기 나타난 게 아니라, 웹의 역사 속에서 오랜 시간 사람과 기술이 서로 영향을 주고받으며 만들어 낸 산물이다.

1990년대 초반, 디지털 커뮤니케이션의 첫 장을 연 서비스는 PC통신이었다. 천리안, 하이텔, 나우누리 같은 서비스에 접속하기 위해 모뎀 소리가 일상이던 시절, 이용자들은 처음으로 '읽는 자'에서 '쓰는 자'로 바뀌기 시작했다. 게시판에 글을 쓰고, 닉네임으로 토론하며, 때로는 공동구매나 정기 모임으로 이어지는 연결망이 형성된 것이다. 특히 온라인 소설 연재가 활발했다. 《엽기적인 그녀》가 PC통신 게시판에서 시작해 책과 영화로 이어진 게 대표적이다. 영화 《마션》의 작가 앤디 위어(Andy Weir) 역시 인터넷 게시판에 소설을 연재하며 독자 피드백으로 작품을 완성했다. 초기 웹은 콘텐츠 소비의 공간이 아닌, 창작과 실험의 장이었다.

1990년대 후반 인터넷이 대중화되면서 개인 홈페이지와 커뮤니티 중심의 웹 환경이 조성되었다. 1996년 세계 최초 웹메일 서비스인 핫메일(Hotmail)이 등장했고, 1997년 마이크로소프트에 인수되며 전 세계적으로 확산했다. 국내에서는 다음(Daum)이 한메일(Hanmail) 서비스를 통해 폭발적인 이용자를 확보하며 인터넷 메일 사용의 대중화를 이끌었다. 또한 다음카페, 프리챌과 같은 커뮤니티 플랫폼 역시 사용자 간의 교류와 정보 공유의 장으로 큰 인기를 누렸다. 그러나 2002년 프리챌이 유료화 정책을 시행하면서 이용자가 급격히 줄었고, 다수의 사용자가 무료 서비스인 다음카페나 싸이월드 미니홈피 등으로 이동했다.

또한 이 시기에는 디지털 공론장의 기틀이 마련되었다. 〈딴지일보〉, 〈오마이뉴스〉 같은 대안 언론이, 기존 미디어가 다루지 않았던 이슈를 비판적으로 제기하며 권력과 주류 담론에 균열을 일으켰다. 2000년 창간한 〈오마이뉴스〉는 '모든 시민은 기자다'라는 슬로건 아래, 적은 상근 인력과 시민기자 700여 명을 중심으로 정보 생산과 여론 형성의 주체가 시민 개개인으로 옮겨가는 상징적 장면을 만들었다.

2003년을 전후로 웹은 검색 중심의 포털 시대로 접어들었다. 야후가 검색과 디렉토리 기반 포털을 주도할 때, 구글은 알고리즘 기반 검색 혁신으로 판도를 바꾸었다. 우리나라에서는 네이버가 지식iN(2002)과 블로그(2003)를 통해 검색과 커뮤니티를 결합하며 급성장했다. 지식iN은 질문과 답변을 통한 집단지성 구현으로 단순 정보 전달을 넘어 경험 기반 실시간 지식 생산 플랫폼이 되었다.

2004년 이후 웹은 블로그 시대를 맞이했다. 개인이 콘텐츠를 생산하고 유통할 수 있는 환경이 갖춰지면서 '1인 미디어' 개념이 현실화했다. 텍스트, 이미지, 영상이 혼합된 블로그 콘텐츠는 웹을 더욱 풍부하게 만들었고, 이 흐름은 곧 'UCC(User Created Contents)'와 'UGC(User Generated Contents)'로 확장되었다. 2006년 〈타임(Time)〉 지는 올해의 인물로 단 한 사람을 지목하지 않았다. 대신 거울처럼 자신의 얼굴이 비치도록 표지를 디자인하고 한 단어를 올렸다. 'You', 즉, 콘텐츠를 만들고, 공유하며, 세상을 바꾸는 '당신'이 주인공이라는 선언이다.

블로그 열풍이 지나간 뒤, 웹은 다시 한번 방향을 틀어 짧고 빠른 실시간 소통을 중시하는 마이크로블로그 시대로 접어들었다. 1997년 식스디그리스닷컴(SixDegrees.com)이 '6단계 분리 이론'을 앞세우며 시작한 소셜 네트워크는 2000년대 초 프렌스터(Friendster), 마이스페이스(MySpace)를 거쳐, 2004년 페이스북과 2006년 트위터의 등장으로 완성됐다. 페이스북은 친구 활동을 실시간으로 보여주고 상호작용을 강화하며 친구 관계를 재정의했다. 트위터는 140자의 제한 속에 정보를 압축해 전달하며, 해시태그와 리트윗으로 네트워크 기반 실시간 정보 확산 플랫폼을 열었다. 스마트폰과 결합한 SNS는 폭발적인 성장과 함께 일상이 되었다.

모바일 네트워크 시대는 2007년 애플 아이폰 출시로 가속화되었다. 아이폰은 이동 중에도 언제든 인터넷과 소셜미디어를 편리하게 사용할 수 있는 혁신적 기기였다. 사람들은 더 이상 책상 앞에 앉아 있을 필요 없이 이동 중은 물론 잠들기 전이나 아침을 시작하는 순간에도 온라인에 접속하는 게 자연스러운 일상이 되었다. 스마트폰은 웹 서비스 진화의 극적인 변곡점이 되었고, 앱 중심의 인터넷 사용이 빠르게 확산했다. 정보 소비 방식도 검색 중심에서 알고리즘 추천 중심으로 변했다.

모바일 기술과 스마트 기기의 발전은 단순한 연결을 넘어 '언제 어디서나 접속할 수 있는' 유비쿼터스 환경을 현실로 만들었다. 이는 인간 사회를 '초연결사회'로 이끌었고, 물리적 공간과 디지털 공간의 경계는 점점 희미해졌다. 사람 간의 소통은 실시간으로 이루어지며, 사회적 거리의 개념 또한 크게 변했다. 2011년 페이스북이 사용자 7억 명을 분석한 결과, 평균 4.74명만 거치면 우리는 전 세계 누구와도 연결될 수 있다는 '6단계 분리 이론'이 입증되었고, 2016년에는 그 수가 3.57명으로 줄었다. 전 세계 16억 명이 촘촘히 연결된 이 네트워크 속에서 우리는 말 그대로 '작은 세계(small world)'에 살고 있다.

<표 2> 웹 서비스와 소셜미디어 진화 타임라인

시기	주요 사건과 특징
1990년대 초반	· PC통신 등장(천리안, 하이텔, 나우누리) · 사용자들이 읽는 자에서 쓰는 자로 변모, 온라인 소설 연재 활발 · 대표적으로 《엽기적인 그녀》
1990년대 후반	· 인터넷 대중화 · 개인 홈페이지, 커뮤니티 중심 웹 환경 조성. 한메일과 핫메일 등장. 다음카페, 프리챌 활성화. 디지털 공론장 형성, 오마이뉴스 등 대안 언론 등장
2000년대 초반	· 포털과 검색의 시대 · 야후, 구글 등 검색 서비스 혁신. 네이버 지식iN과 블로그 등장
2000년대 중반	· 블로그와 1인 미디어 시대 · 개인 콘텐츠 생산 확산, UCC/UGC 증가 · 2006년 <타임>지 'You' 표지로 사용자 중심 미디어 강조 · 마이크로블로그 등장 · 식스디그리스닷컴, 프렌스터, 마이스페이스, 페이스북, 트위터 등 SNS 등장. 친구 기반 관계망과 실시간 정보 확산
2007년 이후	· 모바일 네트워크 시대 개막 · 애플 아이폰 출시, 앱 중심의 모바일 웹 환경 전환 · 유비쿼터스 네트워크 실현, 언제 어디서나 접속 가능해짐
2011년~2016년	· 페이스북 데이터 분석 · 6단계 분리 이론 입증, 평균 연결고리가 4.74명에서 3.57명으로 감소 · 글로벌 네트워크 촘촘해짐

02

핵심 가치

04
웹 2.0과 롱테일

_ 최윤희

닷컴버블의 붕괴와 웹 2.0 시대

급속한 성장에는 거품이 생기기 마련이다. 1990년대 중후반부터 시작해 2000년대 초까지 이어진 닷컴버블이 그러했다. 닷컴버블은 1990년대 중반 인터넷 기술의 급속한 발전과 함께 이른바 닷컴 기업들이 미래의 고수익 산업으로 과대평가 되면서 시작되었다. 투자자들은 실질적인 수익보다 성장 가능성과 아이디어만 보고 막대한 자금을 투자했으며, 수익모델이 불확실한 스타트업들까지도 나스닥에 상장되며 거품이 커졌다. 과열된 기대감이 과도한 투자 열풍을 주도했고 결국 닷컴버블 형성으로 이어졌다.

닷컴버블을 설명하는 데 있어 넷스케이프(Netscape)와 야후(Yahoo)는 대표적인 사례로 꼽힌다. 이 두 기업은 닷컴 성공 신화를 대표한다. 세계 최초로 대중적인 웹 브라우저를 만든 기업인 넷스케이프는 당시 수익이 적자였음에도 상장이 진행됐고, 상장 당일 주가가 두 배 이상 폭등하며 닷컴버블의 신호탄이 되었다. 또한 야후는 창업 2년 만인 1996년 아무런 수익모델 없이 나스닥에 성공적으로 상장했다.

두 기업은 공히 닷컴버블 붕괴를 대표하는 사례로 여겨지기도 한다. 넷스케이프는 닷컴버블 열풍 속에서 주목받았으나 마이크로소프트와 같은 무대에서 같은 방식으로 정면 승부하다가 자본 규모와 유통력에 밀려 결국 무너졌다. 야후 역시 포털 사이트의 선두 주자로 주목받았지만, 검색엔진과 광고 기술의 혁신을 이루지 못한 채 구글 같은 신흥 강자들에게 밀려 몰락했다.

닷컴버블 붕괴는 웹 2.0 시대를 연 계기가 되었다. 웹 2.0은 팀 오라일리(Tim O'Reilly)가 제시한 개념이다. 당시 닷컴버블이 터진 후 많은 인터넷 기업이 사라졌고, 사람들은 심지어 인터넷은 끝났다는 회의적 시각을 갖고 있었다. 하지만 팀 오라일리는 "웹은 끝난 게 아니라 진화 중"이라며 '웹 2.0' 개념을 내놓았다. 인터넷 이용자 다수를 수동적으로 서비스를 소비하는 존재가 아닌 능동적으로 참여하고 콘텐츠를 생산하는 주체로 보았다. 팀 오라일리가 언급한 웹 2.0의 핵심 개념이다. 기존 웹사이트 운영자가 정보를 소유하고 일방적으로 서비스를 제공하는 방식과 전혀 다른, 이용자 참여 중심의 새로운 방향을 제시한 것이다.

웹 2.0은 참여 · 개방 · 공유라는 키워드를 중심으로 이용자를 능동적 콘텐츠 생산자로 인식하며 인터넷 사용의 주체성을 강조했다. 이러한 흐름은 웹의 진화 과정을 통해 더 뚜렷하게 나타난다. 초기의 웹이 정보를 단순히 모아서 보여주는 디렉토리 중심의 정적인 웹이었다면 웹 2.0은 사용자 참여를 중심에 둔 소통과 협력의 형태였다. 참고로 웹 2.0은 이후에 '시맨틱 웹'이라 불리며 사용자 데이터를 분석해 개인 맞춤형 서비스를 제공하는 웹 3.0으로 진화했다. 이어 인공지능을 기반으로 컴퓨터가 사람처럼 사고하고 반응하는 웹 4.0으로 이어지고 있다. 이러한 일련의 변화는 웹 2.0이 그 초석을 다졌다고 해도 과언이 아니다.

웹 2.0은 인터넷을, 일방향 정보 전달의 공간에서 사용자 참여와 협력이 중심이 되는 플랫폼으로 바꾸는 계기를 마련했다. 이때부터 사람들은 단순히 정보를 받아들이는 걸 넘어 직접 쓰고 연결하며 데이터에 영향을 주는 주체가 되었다. 즉, 웹 2.0은 기술의 진보뿐 아니라 웹을 어떻게 쓸 것인가에 대한 패러다임 전환이자 차세대 웹 발전의 출발점이자 토대였다.

웹 2.0 철학을 실제 사업에 구현한 대표적 인물은 아마존(Amazon)의 제프 베조스(Jeff Bezos)와 이베이의 피에르 오미디아(Pierre Omidyar)였다. 베조스는 1994년 아마존을 창업하며 전자상거래의 새로운 지평을 열었다. 단순한 온라인 서점을 넘어 모든 상품을 거래할 수 있는 거대한 유통 플랫폼으로 진화한 것이다. 더불어 웹 2.0의 철학인 고객 참여와 사용자 중심 정보 구조를 철저히 반영한 기업 모델을 구축했다. 사용자 리뷰와 별점, 맞춤형 추천 시스템 등을 통해 사용자 경험(UX) 기반의 플랫폼 혁신을 실현한 게 주효했다. 베조스는 2021년 CEO 자리에서 물러나 이사회 의장으로 전환했고 후임 CEO는 그의 오랜 측근이자 아마존웹서비스를 이끌던 앤디 제시(Andy Jassy)가 맡았다.

한편, 이베이는 1995년 옥션웹(AuctionWeb)이라는 이름으로 시작해 1997년 본격 출범했다. 오미디아는 이 플랫폼을 통해 누구나 자유롭게 물건을 사고팔 수 있는 소비자 간 거래(C2C)의 새로운 생태계를 만들었다. 특히 리뷰와 피드백, 사용자 평가 시스템을 통해 신뢰 기반의 오픈마켓 환경을 조성했다. 2004년 오미디아 네트워크(Omidyar Network)를 설립해 수익과 사회적 가치를 함께 추구하는 임팩트 투자에 집중하며 기술 기반 사회 변화에 기여했다.

아마존과 이베이는 모두 닷컴버블 시기에 주식 상장에 성공하며 시장의 큰 관심을 끌었지만, 일부에서는 이들의 성공이 닷컴버블을 부채질했다는 평가도 있다. 하지만 이들이 살아남아 성장할 수 있었던 이유는 단순한 아이디어가 아니었다. 웹 2.0의 핵심 원칙인 실질적인 사용자 참여와 가치 창출 구조를 실제 플랫폼에 구현해 냈기 때문이다. 이들의 성공은 개방형 혁신 전략에 기반한다. 특히 사용자 리뷰, 별점, 추천 등 이용자 간 상호작용을 중심으로 한 커뮤니티 구조를 만들었다는 점에서 의미가 크다. 단순한 기술 혁신이 아니라 이용자들의 신뢰와 자발적 참여를 끌어내는 생태계 혁신이었기 때문이다.

하지만 이러한 시스템은 문화적 차이로 인해 그 효과가 다르게 나타날 수 있다. 예컨대, IT 강국으로 평가받는 우리나라의 경우, 별점 테러나 악성 리뷰로 인한 자영업자의 폐업, 심지어 극단적 선택까지 초래되는 부작용이 발생하기도 했다. 이는 기술 구조의 수용뿐 아니라 사회적 신뢰와 문화적 기반도 함께 설계되어야 함을 시사한다. 또한 아마존과 이베이는 누구나 쉽게 입점할 수 있는 개방형 플랫폼을 추구하며 오픈API(Application Programming Interface)를 통해 외부 개발자나 기업들도 자사의 서비스와 연동할 수 있는 환경을 제공했다. 이러한 개방성은 참여자 수를 획기적으로 늘리고 혁신을 확산시키는 웹 2.0 플랫폼 성공의 또 다른 핵심 요인이었다.

롱테일(Long-tail): 주류 너머의 가치, '사소한 다수'의 힘

웹 2.0 철학을 경제적 콘텐츠 소비 구조로 확장한 대표적 개념은 바로 롱테일이다. 이 개념은 2004년 크리스 앤더슨(Chris Anderson)이 미국의 기술 잡지 〈와이어드(Wired)〉에 발표한 소논문에서 처음 제시했고, 2006년에는 이를 책으로 출간하며 널리 알려지게 되었다.

롱테일 이론은 전통적인 파레토 법칙(Pareto principle)인 '중요한 소수가 대부분의 결과를 만들어 낸다'는 주장과 정반대되는 이론이다. 롱테일을 직역하면 '긴 꼬리'인데, 공룡의 몸통과 꼬리를 묘사한 판매 그래프에서 유래했다. 과거에는 상위 소수의 인기 상품이 매출의 대부분을 차지하는 몸통에 집중했다. 하지만 롱테일은 그래프의 오른쪽으로 길게 이어지는 꼬리 부분, 즉 잘 팔리지 않는 수많은 비주류 상품에 주목했다. 디지털 기술과 온라인 플랫폼의 발달은 이용자 취향을 세분화해 반영할 수 있는 환경을 만들었고, 그 결과 이들 '꼬리' 상품들도 판매와 유통이 활발해지며 전체 시장에서 상당한 가치를 만들어 낼 수 있었다.

실제로 다양한 플랫폼들은 이러한 롱테일 구조를 기반으로 성장해

왔다. 구글은 애드센스(AdSense)라는 키워드 광고 시스템을 통해 소규모 콘텐츠 제작자도 수익을 창출할 수 있도록 했다. 구글 맵스(Google Maps)와 구글 어스(Google Earth)는 이를 응용한 파생 서비스의 등장을 촉진했다. 이는 대형 광고주와 언론사 중심의 수익 구조를 해체하고 사용자 기반의 분산형 수익 생태계를 형성한 대표적 사례다.

최근에는 무신사, 에어비앤비, 쿠팡, 배달의민족 등도 롱테일 구조를 현실화한 사례로 주목받고 있다. 무신사는 소규모 디자이너 브랜드들이 직접 소비자와 만날 수 있는 기회를 제공함으로써 대형 패션 브랜드 중심의 유통 구조에 새로운 가능성을 제시했다. 사용자 리뷰, 스타일 콘텐츠, 커뮤니티 중심의 큐레이션은 개별 취향을 존중하는 롱테일적 소비문화를 확산시켰다. 에어비앤비는 기존 숙박 산업이 다루지 않던 개인 공간을, 공유 가능한 숙소로 전환해 지역성과 다양성을 중심으로 한 새로운 수익모델을 만들었다. 전통적 호텔 체인과 다른 분산형 수익 구조가 만들어졌으며 개별 호스트의 참여와 소비자의 선택이 시장을 구성하는 핵심 요소로 자리 잡았다.

초기 쿠팡도 비슷한 흐름을 보였다. 중소 셀러들이 자사 제품을 유통할 수 있는 마켓플레이스 형태로 시작해 틈새형 상품이나 인지도가 낮은 브랜드도 소비자에게 도달할 수 있도록 지원했다. 이는 디지털 플랫폼을 통해 제품의 유통 기회와 선택지가 폭넓게 확대된 사례다. 배달의민족도 초기에는 수많은 소상공인과 개별 음식점들이 플랫폼에 참여해 소비자와 직접 연결되며 전통적인 오프라인 중심 배달 시장에 새로운 가능성을 보여주었다. 기존에는 프랜차이즈 중심으로 형성되어 있던 배달 시장 구조에서 벗어나 지역 기반의 골목상권과 독립 매장들이 소비자에게 노출될 수 있는 통로를 마련한 것이다. 상호작용 기반의 리뷰 시스템과 지도 기반 검색은 지역성과 다양성을 강조하며 소비자 선택의 폭을 넓혔다.

모든 롱테일 사례가 이상적으로 작동하는 것은 아니다. 플랫폼이 성장하면서 오히려 롱테일 구조와 거리가 멀어지는 현상도 함께 나타나고 있다. 쿠팡은 초기에 다양한 셀러와 함께하는 개방형 마켓플레이스로 출발했다. 하지만 점차 자체 브랜드(PB) 상품을 강화하고 자사 물류 시스템 중심의 구조로 전환하면서 플랫폼 내 선택의 다양성이 줄어들고 있다. 사용자 추천 시스템 역시 특정 범주의 상품으로 쏠리는 경향이 강해지며 비주류 제품의 노출 기회가 줄어드는 구조가 형성된 것이다.

배달의민족 역시 롱테일 플랫폼의 전형으로 출발했으나 광고 기반 노출 시스템의 강화와 알고리즘 조정 등으로 일부 소상공인들은 과도한 비용 부담과 낮은 노출 효과로 불만을 표출하고 있다. 광고에 투자할 여력이 있는 업소만이 상위에 노출되는 구조는 결과적으로 '꼬리'의 기회를 줄이고 '몸통'만 남게 만드는 역설을 낳고 있다. 게다가 배달비 부담이 소비자에게 전가되면서 이용자 처지에서도 불만이 커지고 있다. 상위 노출을 위한 광고 비용과 중개 수수료가 음식 가격에 반영되거나 배달비로 분리되어 청구되는 구조 속에서 소비자들은 동일한 음식에 대해 더 비싼 가격을 지불해야 하는 현실에 직면한 것이다. 이는 플랫폼이 중개자로서 수익을 극대화함으로써 참여자와 소비자 모두에게 부담을 전가한다.

디지털 플랫폼이 롱테일의 이름 아래 다양한 참여를 가능하게 만들면서도 일정 규모 이후에는 다시 소수에게 집중되는 구조로 회귀할 수 있음을 확인할 수 있다. 디지털 플랫폼은 수많은 참여자가 존재할 수 있는 공간을 제공하나 그 안에서의 질서와 분배 구조는 기술적 설계와 운영 철학에 따라 전혀 다른 결과를 만들어 내는 현실이다.

05
오픈소스와 오픈API

_ 최윤희

웹 2.0과 롱테일이 보여준 중요한 변화는, 정보가 다수의 사용자 참여와 협력 구조로 이동할 수 있다는 사실이다. 이는 더 이상 소수의 전문가나 기업에 의해 독점되지 않음을 뜻한다. 이 흐름은 기술 그 자체의 진보보다 사회적 존재로서 인간이 가지고 있는 본성과 맞닿아 있다. 그것은 바로 협력하고 나누고 연결하려는 성향이다. 이러한 철학은 이후 IT 생태계 전반에 새로운 행동양식을 만들었고, 그 대표적 결과가 바로 오픈소스(Open source)와 오픈 API(Open API, Application Programming Interface)였다.

오픈소스: 기술을 나누겠다는 선택

오픈소스는 원래 기업들이 철저히 감추고 독점하던 소프트웨어의 핵심 설계도인 소스코드를 누구나 열람하고, 수정하며, 재배포할 수 있도록 공개하는 방식이다. 이는 당시 기술계에서 일반적이던 폐쇄적 라이선스 관행을 정면으로 뒤흔드는 대담하고도 낯선 생각이었다. 그러나 다소 과격한 발상은 결국 전 세계 IT 생태계의 흐름을 근본적으로 바꾸어 놓았다.

출발점 중 하나로 꼽히는 게 바로 1969년 벨 연구소에서 개발된 유닉스(Unix)였다. 유닉스는 특정 하드웨어에 종속되어 있던 기존 운영체제들과 달리, 다양한 컴퓨터 환경에 이식할 수 있는 범용 구조를 채택해 컴퓨터 간의 호환성과 효율성을 비약적으로 끌어올렸다. 이후 1972년에는 프로그래밍 언어 C와 결합하며, 폭넓은 확장성과 유지보수성을 갖춘 운영체제로 진화했다. 이는 현대 컴퓨터 산업의 기반을 형성한 하나의 전환점이었다. 유닉스 개발자인 데니스 리치(Dennis Ritchie)와 켄 톰슨(Ken Thompson)은 자신들이 만든 기술의 잠재력이 널리 퍼지기를 원했고, 실제로 유닉스는 한동안 학계와 연구소를 중심으로 소스코드가 공유되며 확산했다. 이후 AT&T의 상업화 정책으로 유닉스는 폐쇄적 운영체제로 전환되었다. 그러나 이전까지의, 유연한 공유 문화는 이후 오픈소스 철학 형성의 기반이 되었다. 리치는 2011년 세상을 떠났다. 그가 타계할 당시, 인터넷에는 조용하지만 깊은 울림을 주는 말이 퍼졌다.

"스티브 잡스가 없었다면 우리는 i기기를 만나지 못했을 것이고,
데니스 리치가 없었다면 윈도우도, 맥도, 리눅스도 없었을 것이다.
아니, 프로그래밍 자체가 지금과 같을 수 없었을 것이다."

이 말은 과장이 아니라 오늘날 우리가 쓰는 수많은 시스템의 바탕에 C 언어와 유닉스라는 조용한 거장이 있었다는 사실을 되새기게 한다. 이런 오픈소스 철학은 버클리 대학의 밥 페이브리(Bob Fabry)가 유닉스를 발전시켜 만든 버클리 소프트웨어 배포판(Berkeley Software Distribution, BSD)에서도 이어진다. 그는 버클리에서 미국 국방성 고등연구계획국(DARPA, Defense Advanced Research Projects Agency)의 연구 자금을 유치해 버클리 소프트웨어 배포판 프로젝트를 조직하고 확산시켰으며, 이 과정에서 TCP/IP 프로토콜을 구현하면서 오늘날 인터넷의 기술적 기반을 마련했다. 페이브리는 한 인터뷰에서 "소프트웨어를 돈 받고 팔 생각을 한 적이 있느냐"는 질문에 오히려 "그런 질문은 도대체 어디서 나온 건가? 오히려 질문이 반대로 되어야 할 것 같다"라고 반문했다. 이 말은 오픈소스의 철학, 즉 '공유와 개방이 기본값'이라는 그의 사고방식을 잘 보여주고 있다. 소프트웨어는 본래 함께 쓰기 위한 것이었다는 의미다.

1980년대 초, 상업적 소프트웨어 시장이 본격적으로 확대되면서 이전까지 학계와 연구소에서 자유롭게 나누던 소스코드들이 점점 잠기기 시작했다. 기술은 진보하고 있었으나 소프트웨어는 하나둘씩 자물쇠가 채워졌다. 그 변화 속에서 매사추세츠 공과대학교에서 활동하던 한 해커는 깊은 위화감을 느꼈다. 그가 바로 리처드 스톨먼(Richard Stallman)이었다. 그는 사람들이 더 이상 함께 코드를 고치지 않고, 버

그를 발견해도 개선하지 못한 채 "그건 우리 소프트웨어가 아니에요"라고 말하는 현실에 분노했다. 그리고 1983년, 그는 매사추세츠 공과대학교를 떠나 GNU 프로젝트(GNU Project, "GNU's Not Unix")를 시작했다. 유닉스를 닮았지만, 유닉스와 전혀 다른 철학을 지닌 운영체제를 만들기 위해서였다. 이와 함께 그는 저작권의 폐쇄성을 정면으로 반박하는 개념인 '카피레프트(Copyleft)'를 제안했다. 소프트웨어는 누구에게나 열려 있어야 하며 자유롭게 사용하고, 수정하고, 공유할 수 있어야 한다는 철학이었다. 그가 만든 이 정신은 단순한 코드 정책이 아니라 자유를 지키기 위한 선언이었다. 이후, 이 철학은 크리에이티브 커먼즈 라이선스(Creative Commons License, CCL) 운동으로 이어졌으며 오늘날 우리가 알고 있는 오픈소스 운동의 핵심 기초로 자리 잡게 된다.

그로부터 8년 뒤인 1991년, 핀란드의 21살 대학생 리누스 토르발스(Linus Torvalds)는 자신의 개인 프로젝트로 리눅스(Linux)라는 이름의 새로운 운영체제의 커널(Kernel)을 개발했다. 커널은 운영체제의 핵심 구성요소로 컴퓨터 하드웨어와 소프트웨어를 연결해 주는 중심 장치다. 토르발스는 이 커널을 GNU 프로젝트의 도구들과 결합해 누구나 자유롭게 사용할 수 있는 완전한 오픈소스 운영체제로 만들었고 이를 전 세계에 공개했다.

리눅스는 곧 서버와 슈퍼컴퓨터, 그리고 모바일 운영체제, 특히 안드로이드(Android)의 기반에까지 확산하였고, 마이크로소프트 윈도우(Microsoft Windows)에 이은 대표적인 대안 플랫폼으로 자리 잡았다. 이 사례는 오픈소스가 단순히 기술을 무료로 제공하는 개념이 아니라는 사실을 보여준다. 그것은 지식과 기술을 함께 나눌수록 더 나은 결과를 만든다는 믿음에서 비롯된 개방과 협력의 철학이다. 이러한 정신은 웹 브라우저의 역사 속에서도 선명히 드러난다. 1990년대 후반, 브라우저 시장을 주도하던 넷스케이프(Netscape)는 자사 소스코드를 공개하며 모질라 프로젝트(Mozilla Project)를 출범시켰고, 이 프로젝트에서 2004년 파이어폭스(Firefox)라는 오픈소스 브라우저가 탄생했다. 한편, 초창기에는 빠르게 점유율을 높였던 인터넷 익스플로러는 폐쇄적인 구조와 느린 혁신으로 점차 사용자들의 외면을 받기 시작했고 결국 2022년 공식 종료되며 시장에서 퇴장했다.

흥미로운 점은 현재 전 세계 브라우저 시장을 지배하고 있는 구글 크롬 역시 크로미움(Chromium)이라는 오픈소스 엔진을 기반으로 하고 있다는 점이다. 즉, 오늘날의 브라우저 생태계는 소스코드를 투명하게 공개하고, 누구나 개선에 참여할 수 있는 구조를 중심으로 재편되고 있다. 오픈소스는 정보를 독점하지 않고 투명하게 공유하며 자발적인 참여를 통해 문제를 함께 해결하는 구조를 가능하게 한다. 이처럼 오픈소스는 단순한 기술 모델이 아닌 신뢰와 협력을 기반으로 한 사회적 선택인 동시에 디지털 시대의 새로운 기본값이다.

오픈소스의 철학은 이제 단순한 소프트웨어 개발의 방식이 아니라 현대 기술 전반의 혁신을 이끄는 근간으로 확장하고 있다. 대표적인 예가 생성형 인공지능 분야다. GPT, LLaMA, Mistral, Stable Diffusion과 같은 인공지능 모델들은 오픈소스 커뮤니티의 활발한 공유와 협력을 통해 태어났고, 이는 전 세계 수많은 연구자와 개발자들이 인공지능 기술에 기여하고 자신만의 모델을 실험하며 개선할 수 있는 기반을 만들어주었다.

클라우드 컴퓨팅과 서버 기술 역시 오픈소스 없이 존재하기 어려웠다. 도커(Docker)와 쿠버네티스(Kubernetes) 같은 오픈소스 플랫폼은 전 세계 수많은 기업이 빠르고 유연하게 인프라를 구축할 수 있도록 도왔으며, 이제는 사실상 글로벌 서버 환경의 표준으로 자리 잡았다. 이처럼 오픈소스는 누구나 접근할 수 있는 기술 자산으로 모든 규모의 기업과 개인이 혁신의 주체가 될 수 있도록 문을 열어주고 있다.

무엇보다 오픈소스는 지식 자체를 공유할 수 있는 자산으로 인식하게 했다. 위키피디아, 오픈 데이터베이스, 공개 코딩 플랫폼 등은 교육, 연구, 공공서비스 영역에서 디지털 공공재의 소임을 수행하고 있다. 누구든 정보에 접근하고, 배우고, 이바지할 수 있도록 돕는 이 구조는 기술 민주화의 가장 실질적인 모습이기도 하다. 결국 오픈소스는 특정 기업이나 국가가 아닌 전 세계 수많은 개인의 손과 머리에서 만들어진 기술 공동체의 정수다. 오늘날 우리가 누리는 수많은 기술의 이면에는 이처럼 조용하고도 강력한 개방과 협력의 문화가 자리하고 있다.

OPEN, 하나의 문을 열자 또 다른 문이 열렸다
- 실리콘밸리와 오픈소스 정신의 뿌리

우리가 오늘날 당연하게 여기는 오픈소스와 오픈API의 개방성과 협력성은 단지 기술적 필요에서 비롯한 게 아니다. 이 철학의 뿌리는 1960~70년대 미국 서부에서 확산한 대항문화와 공동체 운동에 닿아 있다. 당시 젊은이들은 베트남 전쟁과 물질주의에 반발해 자연으로 향했고, 자급자족 공동체인 '코뮌(commune)'을 만들며 협력과 자율성을 삶의 방식으로 삼았다. 이들은 경쟁보다 나눔을, 소유보다는 공유를 중시했고 이러한 생활 철학은 기술에 대한 태도 또한 바꾸어 놓았다. 이를 가장 상징적으로 보여주는 사례가 바로 스튜어트 브랜드(Stewart Brand)가 만든 《지구 백과(Whole Earth Catalog)》였다. 이 책은 공동체 실험을 하던 이들이 자율적으로 살아가는 데 필요한 도구와 정보를 모은 일종의 지식 도구 백과였다. 종이 위에 적힌 위키피디아이자 오프라인 시대의 구글 같은 존재였다. 브랜드는 '도구에의 접근(Access to Tools)'이라는 구절을 내세우며 지식은 소수가 독점하는 게 아니라 모두가 함께 사용하고 발전시켜야 한다고 강조했다. 이 정신은 훗날 스티브 잡스에게도 큰 영향을 주었다. 잡스는 2005년 스탠포드 대학교 졸업식 축사에서 《Whole Earth Catalog》를 '우리 세대의 바이블 중 하나'라고 소개하면서 마지막 호 뒤표지에 실린 문구를 직접 인용했다. 잡스는 이렇게 말했다.

"그 마지막 페이지에는 새벽녘 시골길 사진이 있었고, 그 아래에는 이렇게 쓰여 있었다. 'Stay Hungry. Stay Foolish.' 그것이 그들의 고별인사였다. 그리고 나는 항상 그것을 나 자신에게 되새겨왔다."

이 문장은 이후 애플의 창업 철학을 상징하는 슬로건처럼 널리 알려지게 되었고 '다르게 생각하라(Think Different)'는 정신의 근간이 되었다. 이러한 문화적 배경은 단지 과거의 실험에 그치지 않았다. 매년 네바다 사막에서 열리는 버닝맨 축제는 대항문화의 현대적 재현이자 기술과 예술, 인간과 공동체가 교차하는 실험의 장이다. 버닝맨은 상업주의를 철저히 배제한다. 그리고 자기표현, 자발적 기여, 협업을 핵심 원칙으로 삼는다. 많은 실리콘밸리 개발자와 창업자들은 이곳에서 기술 너머의 삶을 경험하고 그 감각을 제품과 서비스에 반영한다. 누군가는 전기가 없는 사막 한가운데서 거대한 구조물을 만들고, 누군가는 기술을 주제로 한 퍼포먼스를 통해 새로운 가능성을 탐색한다. 이 축제는 단순한 예술 행사가 아니라 기술을 어떻게 사용할 것인지, 누구와 함께 만들 것인지에 대한 철학적 실험이다. 결국 오픈소스와 오픈 API는 기술 이전에 '태도'의 문제였다. 기술은 소수가 독점해서는 안 되며 누구나 만들고 고치고 나눌 수 있어야 한다는 생각이 그 중심에 있다. 그리고 더 많은 참여가 더 나은 결과를 만든다는 믿음은 수십 년 전부터 쌓여온 문화적 자산이었다. 이러한 가치가 기술과 만나 디지털 시대의 핵심 구조로 자리 잡게 되었다. 오픈소스는 소프트웨어의 핵심을 드러냄으로써 협력의 가능성을 열었고, 오픈API는 플랫폼의 경계를 허물고 외부의 창의성을 안으로 들이기 시작했다. 이 모든 흐름은 결국 '기술을 혼자만 갖지 말고 함께 나누자'는 개방 정신에서 비롯되었다. 다르게 생각하고, 다르게 연결하고, 다르게 실험하려는 문화적 상상력이 오늘날의 디지털 생태계를 가능하게 한 것이다.

오픈API: 플랫폼을 열고 혁신을 받아들이다

오픈API는 소프트웨어의 내부 코드를 여는 것이 아니라 서비스 기능에 대한 접근 경로를 외부에 개방하는 방식이다. API(Application Programming Interface)는 애플리케이션 간 소통을 가능하게 해주는 인터페이스이며, 오픈API는 이를 외부 개발자나 기업도 사용할 수 있도록 공개한 것이다. 이 개념은 복잡한 시스템 간 연결을 단순하게 만들고 누구나 특정 기능을 호출해 사용할 수 있게 한다. 이를 비유하자면 음식점에서 주문을 받는 점원이 API이고, 주방(서버)은 그 요청을 받아 실제 음식을 제공하는 시스템인 셈이다. 오늘날 기업들은 자사의 기능을 외부에 개방함으로써 혁신의 주체를 내부에서 외부로 확장하고 있다. 이러한 구조는 '혁신의 외주화'라고 불리며, 오픈API는 이를 가능케 한 기술적 기반으로 작용한다. 이에 따라 다양한 서드파티 앱(Third-Party App)과 서비스가 폭발적으로 등장할 수 있었고, 플랫폼 생태계가 급속도로 성장할 수 있는 기반이 되었다.

특히 오픈API를 활용한 매시업(Mash-up)은 오픈API 개념이 막 등장하던 시기에 그 가능성을 상징적으로 보여준 초기 사례로 꼽힌다. 기존에 존재하던 API 여러 개를 조합해 새로운 서비스를 만들어 내는 이 방식은 2005년 무렵 등장한 하우징맵스(HousingMaps)를 통해 대중적으로 알려졌다. 이 서비스는 크레이그리스트(Craigslist)의 부동산 매물 데이터와 당시 API가 공개된 지 얼마 되지 않았던 구글 지도를 결합해 지도 위에 매물 정보를 시각화하는 방식으로, 기존의 정보 소비 방식에 혁신을 가져왔다. 이 사례는 오픈API가 단순한 기술이 아니라 완전히 새로운 서비스를 창조할 수 있는 잠재적 수단이라는 사실을 보여 준 출발점이었다.

그로부터 약 20년이 흐른 지금, 오픈API는 더 이상 실험적 시도가 아니라 디지털 생태계를 구성하는 기본 양식으로 자리 잡았다. 대표적으로 구글은 현재 자사의 지도, 유튜브, 지메일, 캘린더 등 거의 모든 핵심 서비스에 오픈API를 적용하고 있다. 이를 통해 수많은 외부 서드파티 앱, 자동화 툴, 업무 도구들과의 연동을 가능케 한다. 특히 구글 지도 API는 초기 매시업 사례에서 출발해 지금은 배달, 여행, 모빌리티, 물류, 부동산 등 위치 기반 산업 전반을 연결하는 기술 플랫폼으로 자리 잡았다.

결국 하나의 기술이 한때는 가능성의 상징이었다가 이제는 디지털 산업 전반의 표준 인프라로 진화한 셈이다. 결국 오픈API는 기술을 서로 연결하고 혁신을 플랫폼 바깥에서 끌어들이는 구조를 설계하는 방식으로 진화했다. 기능을 개방한 플랫폼은 확장되고, 감춘 플랫폼은 고립된다. 이제는 누가 더 많은 자원을 가졌는가보다 누가 더 잘 연결하는가가 중요한 시대다.

06
구글과 검색

__ 최윤희

차고에서 세상으로: 연결의 가치를 향하여

1995년 스탠퍼드대학교에서 우연한 만남이 이루어졌다. 입학을 고려 중이던 래리 페이지(Larry Page)와 그를 안내하던 학생 세르게이 브린(Sergey Brin). 처음 만났을 때 두 사람은 거의 모든 면에서 의견이 달랐다. 하지만 이듬해인 1996년에는 뜻을 모은 파트너가 되었다. 이들은 기숙사 방에서 웹페이지 간 링크 구조를 분석해 월드와이드웹 상의 페이지 중요도를 평가하는 검색엔진을 만들기 시작했다. 바로 백럽(BackRub)이었다.

백럽은 단순히 키워드가 얼마나 포함되어 있는지를 기준으로 정보를 찾던 기존 검색 방식과 달랐다. 대신 다른 웹페이지들로부터 얼마나 많은 링크를 받았는지 분석해 해당 페이지가 얼마나 중요하고 신뢰받는지 평가하고자 했다. 이 발상은 이후 구글의 핵심 기술인 페이지랭크(PageRank)로 발전했다. 백럽이 보여준 접근 방식은 훗날 등장하는 웹 2.0 시대의 정신과도 깊게 맞닿아 있었다. 웹을 하나의 거대한 연결망으로 보고 사용자들의 자발적 연결과 참여를 통해 정보를 조직하려는 사고방식이었다.

얼마 지나지 않아 백럽은 구글이라는 이름으로 새롭게 태어났다. 이 명칭은 10의 100제곱을 의미하는 수학 용어 'Googol'에서 변형된 것으로 '전 세계의 방대한 정보를 체계화하고 모두가 쉽게 이용할 수 있도록 하자'는 래리 페이지와 세르게이 브린의 비전을 담고 있었다. 이 철학은 단순한 검색엔진을 넘어 모두를 위한 정보 접근성과 실생활 문제 해결을 지향하는 방향으로 확장했다. 그리고 이 정신은 이후 구글이 웹 2.0 시대의 개방과 연결, 그리고 오픈소스 생태계 구축을 이끌어가는 데 중요한 기반이 되었다.

구글은 1996년부터 스탠퍼드대학교 학내 서버를 이용해 검색엔진을 시험 운영하며 기술력을 다졌다. 기숙사 방에서 출발한 이 실험은 빠르게 확장했고 점차 외부 투자자들의 관심을 끌기 시작했다. 1998년 8월, 썬 마이크로시스템즈(Sun Microsystems)의 공동 창립자인 앤디 벡톨샤임(Andy Bechtolsheim)은 래리 페이지와 세르게이 브린의 가능성에 주목해 10만 달러 수표를 건넸다. 이 투자금은 구글이 정식 법인인 'Google Inc.'을 설립하는 데 결정적 역할을 했다.

법인 설립과 함께 구글은 기숙사 방을 떠나 캘리포니아 멘로파크 교외에 있는 한 차고를 첫 번째 사무실로 삼았다. 이 차고는 당시 스탠퍼드대 박사과정 학생이었던 수전 워치스키(Susan Wojcicki)가 소유하고 있던 곳이었다. 훗날 그녀는 구글의 16번째 직원이자 유튜브 CEO로 성장하게 된다. 구글의 잠재력은 이후 더욱 확실해졌다. 1999년에는 실리콘밸리 대표 벤처캐피털인 세쿼이어 캐피탈(Sequoia Capital)과 클라이너 퍼킨스 코필드 앤 바이어스(Kleiner Perkins Caufield & Byers, 현재 Kleiner Perkins)로부터 공동 투자를 끌어냈다. 이 두 투자사가 동시에 한 기업에 투자한 선택은 매우 드문 일이었고 구글이 가진 성장 가능성에 대한 시장의 신뢰를 웅변하는 사례가 되었다.

실상 구글의 출발은 순탄치 않았다. 당시 닷컴버블이 꺼져가던 불안정한 시장 상황 속에서 구글은 뚜렷한 수익 구조 없이 검색 품질 개선에만 집중하고 있었다. 물론 야후처럼 배너광고를 검색 결과에 연동해 수익을 창출하는 모델을 선택할 수도 있었지만 래리 페이지와 세르게이 브린은 이를 단호히 거부했다. 검색 결과에 과도한 비즈니스 요소를 끼워 넣으면 사용자 신뢰를 해칠 수 있다는 그들만의 확고한 신념 때문이었다. 이러한 소신은 단기적 수익을 포기하는 대가를 치르게 했다. 그렇지만 장기적으로는 구글이 전 세계 사용자로부터 신뢰를 얻는 기반이 되었다. 오늘날 우리 사회에서 종종 문제가 되는 어뷰징 기사나 숨겨진 광고 관행을 떠올려 보면 초기의 구글이 지킨 원칙이 얼마나 중요한 가치였는지 다시금 확인하게 된다.

구글, 생태계를 만들다: 애드워즈, 애드센스, 그리고 롱테일 전략

2001년 구글은 회사의 본격적인 성장을 이끌 인물을 영입했다. 당시 신생 기업이었던 구글은 버닝맨 축제에서 에릭 슈미트(Eric Schmidt)와 뜻을 모으고 그를 CEO로 영입하면서 강력한 경영 기반을 다지게 된다.

구글은 애드워즈(AdWords)와 애드센스(AdSense)라는 광고 플랫폼을 통해 수익 구조를 구축했다. 광고주는 구매한 키워드를 기반으로 다양한 블로그나 웹사이트에 누구나 광고를 게재할 수 있었고, 구글은 검색 최적화 기술을 통해 해당 콘텐츠와 광고가 자연스럽게 매칭되도록 설계했다. 중요한 점은 구글이 검색 서비스를 제공하면서 사용자로부터 직접 대가를 받지 않았다는 사실이다. 대신 지식 공급자와 지식 소비자를 광고로 연결해 사용자에게 정보 접근성과 검색 편의성이라는 공리적 가치를 제공했다. 수익은 사용자로부터 발생하지 않고 오직 광고주로부터 구글로 흐르는 구조다. 이처럼 구글은 본연의 서비스인 지식 탐색은 무료로 제공하고 수익모델인 광고는 별도로 운영함으로써 성공적으로 자리 잡았다.

특히 구글은 광고를 통해 검색어 단위로 세분된 수요와 공급을 연결했다. 이로써 아마존보다도 더 적극적으로 롱테일 전략을 실현한 기업으로 평가받는다. 애드워즈(Ad Words)와 애드센스(AdSense)를 통해 대규모 기업뿐 아니라 개인 블로거나 소규모 웹사이트 운영자까지 광고 생태계에 참여할 수 있도록 한 점은 수많은 '꼬리'에 해당하는 콘텐츠 생산자와 소비자를 유기적으로 연결하는 방식이었다.

애드워즈는 당시 구글의 비즈니스 개발 담당 임원이었던 셰릴 샌드버그(Sheryl Sandberg)가 주도했다. 그녀는 2008년에 페이스북으로 이직해 최고운영책임자가 되고 페이스북의 광고 비즈니스 성장을 이끌었다. 한편, 애드센스는 당시 구글 제품 관리 담당자였던 수잔 워치츠키가 주도했다. 구글 창업 초기, 그녀는 자신이 살던 집 차고를 래리 페이지와 세르게이 브린에게 사무실로 빌려준 '차고 주인'이기도 했다. 이후 정식으로 구글의 16번째 직원이 된 수잔 워치츠키는 2014년부터 유튜브 CEO를 맡아 또 하나의 전설을 써 내려갔고, 2023년 2월 자리에서 물러났다.

구글의 광고 플랫폼은 단순한 수익 창출을 넘어 웹 2.0 시대 '부의 재분배 메커니즘' 역할도 했다. 대형 기업뿐 아니라 소규모 웹사이트, 개인 블로거, 콘텐츠 생산자들도 광고에 따른 수익을 얻을 수 있기 때문이었다. 2005년 에릭 슈미트는 "구글은 소규모 기업과 개인 파트너들에 의해 운영되는, 롱테일을 추구하는 기업이다"라고 선언했다. 실제로 구글의 매출 상당 부분은 애드센스 광고를 통해 발생했으며, 전체 매출의 절반 이상이 미국 외 지역에서 나왔다. 구글은 단순한 검색엔진을 넘어 '사악해지지 말자(Don't be evil)'는 취지 아래 전 세계 수많은 지식 생산자와 소비자에게 새로운 경제적 기회를 제공하며 세계 경제에 긍정적으로 이바지했다.

구글, 지식 생태계를 재구축하다: 검색의 힘과 정보 질서

구글이 대단한 이유는 단순히 검색 결과를 빠르게 보여주는 데 그치지 않는다. 구글은 전 세계의 정보와 지식을 통째로, 그리고 완벽하게 정리한다는 거대한 발상에서 출발했다. 이는 곧 '지식은 권력'이라는 오래된 명제를 현대적으로 재구성한 것이기도 하다. 문자가 등장하기 전까지 지식의 저장소는 인간의 두뇌였다. 당시 권력자는 많은 정보를 기억하는 연장자였다. 그러나 문자가 등장한 이후 정보는 도서관 같은 물리적 공간에 모이기 시작했다. 그리고 색인 작업 없이는 필요한 정보를 찾기조차 어려웠다.

인터넷은 이러한 흐름을 완전히 바꿔 놓았다. 정보는 무한히 축적되었다. 따라서 바다처럼 넘실거리는 데이터 속에서 필요한 지식을 찾는 게 새로운 과제가 되었다. 이때 등장한 검색엔진은 마치 정보의 바다에 띄워진 구명보트와도 같았다. 특히 구글은 사용자에게 가장 적절하고 신뢰할 수 있는 정보를 빠르게 제공함으로써 검색 기술의 새로운 표준을 만들었다. 구글이 검색 시장에서 최강자가 된 이유는 명확하다. 첫째, 검색 로봇인 구글봇(Googlebot)이 인터넷을 끊임없이 크롤링(crawling)하면서 최신 정보를 수집했다. 둘째, 페이지랭크(PageRank)라는 독창적인 알고리즘을 통해 문서 간의 연결 관계를 분석하고 상대적 중요도에 따라 가중치를 부여했다.

구글은 전 세계 모든 웹페이지와 가능한 모든 검색어 조합에 대해 미리 페이지랭크 값을 계산해 두었고, 사용자가 검색어를 입력하면 즉각적으로 가장 관련성이 큰 페이지를 순서대로 정리했다. 이는 논문의 인용지수를 활용하는 학문적 방법론과 유사하다. 또한 구글은 단순히 페이지랭크 값만 비교하는 데 그치지 않고 200여 가지의 다양한 요소를 함께 고려하는 복합적인 검색 튜닝을 거쳤다. 그럼에도 여전히 구글 검색의 핵심에는 페이지랭크 알고리즘이 자리 잡고 있다. 무엇보다 구글의 가장 큰 강점은 순수한 검색 품질에 대한 강한 믿음이었다. 구글은 광고와 검색을 분리해 서비스의 본질을 훼손하지 않으면서도 수익을 창출할 수 있다는 확고한 신념을 가졌다. 이러한 신념을 보여주는 전형이 바로 구글 철학의 하나인 '사악해지지 말자라는 원칙이다. 이와 함께 "웹에서 민주주의는 작동한다(Democracy on the web works)"는 신념도 강조한다. 구글이 말하는 '웹의 민주주의'란 전 세계 웹사이트들이 서로 연결한 링크라는 민의를 분석해 페이지 순위를 결정하는 방식이다. 이는 광고비나 로비가 아니라 오직 링크라는 정보의 자연스러운 흐름에만 의존해 지식을 재편하는 시스템이다.

《구글, 신화와 야망》에서는 구글의 이런 철학을 다음과 같이 설명한다.

> "이 세상 모든 언어의 모든 단어의 조합에 의해 가장 적합한 정보를 제공하기 위해 시시각각 업데이트되는 전 세계 정보를 자동으로 끌어모은다. 그리고 그 의미와 비중, 정보 간 상호 관계를 끊임없이 분석한다."

구글은 단순히 정보를 검색하는 수준을 넘어 전 세계 지식이 어떻게 정리되고 유통되어야 하는지를 재정의함으로써 새로운 지식 생태계를 구축한 셈이다.

상상을 뛰어넘는 구글의 행보: 검색을 넘어 세상을 설계해 나가다

구글은 더 이상 검색만 하는 회사가 아니다. 사람들이 구글을 두려워하는 이유는 그들이 이미 검색과 광고 시장을 지배하고 있기 때문이 아니다. 앞으로 무슨 일을 벌일지 아무도 예측할 수 없기 때문이다. 지식, 공간, 생명, 이동, 인지, 통신과 같은 구글이 실험해 온 영역을 따라가 보면, 그들의 행보는 정보를 수집하고 제공하는 단계를 넘는다. 심지어 세상을 다시 설계하려는 시도처럼 보인다.

구글의 실험은 먼저 정보의 디지털화와 개방에서 시작되었다. 2002년 착수한 구글 북스 프로젝트(Google Books Project)는 전 세계에 존재하는 모든 책을 디지털로 전환하려는 시도였다. 전문가의 판단으로 콘텐츠를 선별하지 않고 가능한 한 많은 지식을 누구나 접근할 수 있게 하겠다는 철학은 정보 평등이라는 가치에 기반하고 있다. 이후 저작권 소송에도 불구하고 미국 연방대법원의 판결은 이 방향에 힘을 실어주었다.

2005년에는 또 다른 혁신이 등장했다. 구글 지도와 구글 어스를 통해 구글은 공간 정보를 시각적으로 제공할 뿐 아니라 오픈API를 개방해 외부 개발자들이 지도 위에 데이터를 결합할 수 있도록 했다. 대표적인 사례가 하우징맵스(HousingMaps)다. 이는 미국의 생활정보 사이트인 크레이그리스트의 부동산 정보를 지도 위에 시각화한 서비스였다. 지도와 데이터의 결합은 이후 수많은 매시업(mashup) 서비스의 출발점이 되었다.

이후 구글의 관심은 점점 더 개인의 삶과 데이터의 연결로 옮겨간다. 2006년 설립한 23andMe는 타액을 분석해 조상과 건강에 관한 정보를 제공하는 서비스를 시작했다. '23'은 인간의 염색체 수를 의미하며 이 서비스는 2008년 〈타임〉이 선정한 '올해의 발명품'으로 소개되기도 했다. 장기적으로는 전 인류의 가계도 구성이라는 비전도 제시되었다. 2009년부터는 자율주행 자동차 개발을 시작했다. 이 프로젝트는 구글의 미래 기술 개발 조직인 구글 X(Google X)에서 시작되었으며 이후 자율주행 기술 전문 자회사인 웨이모(Waymo)로 출범해 본격적인 상용화 단계에 들어갔다. 운전자의 개입 없이도 차량이 스스로 판단하고 주행할 수 있는 완전자율주행을 목표로 하고 있다. 2012년에 발표된 구글 글래스(Google Glass)는 증강현실 기반의 웨어러블 디바이스였다. 사용자의 시야에 실시간 정보를 띄우는 이 기기는 사용자 인터페이스 자체를 새롭게 설계하려는 실험이었지만 프라이버시 논란과 실용성 부족으로 대중화에 실패했다. 그럼에도 인간과 기술의 접점을 확장하려는 구글의 시도는 분명했다.

구글은 물리적 공간의 한계를 넘어서 세상을 새롭게 연결하려는 실험도 이어갔다. 프로젝트 룬(Project Loon)은 LTE 통신 장비를 실은 풍선을 성층권에 띄워 지상 인터넷 인프라가 부족한 지역에 통신을 제공하려는 시도였다. 2013년에 시작했으나 2021년 종료된 이 프로젝트는 비용과 특허 문제, 실용성 등의 한계에 부딪혔지만, 기술을 통해 정보 접근성을 재정의하려는 구글의 도전 정신을 잘 보여준다.

2016년, 구글 자회사 딥마인드가 개발한 알파고(AlphaGo)는 바둑 세계 챔피언 이세돌 9단을 상대로 4승 1패라는 결과를 만들어 내며 전 세계를 놀라게 했다. 알파고는 단순한 계산을 넘어 전략과 직관, 판단을 수행하는 인공지능의 가능성을 입증했다. 그리고 기술이 인간 사고의 영역에 깊이 침투할 수 있음을 상징적으로 보여주었다.

그로부터 7년 뒤, 구글은 또 한 번 인공지능을 진화시켰다. 2023년 공개된 제미나이(Gemini)는 단순한 언어 모델을 넘어 텍스트, 이미지, 코드, 음성 등 다양한 정보를 동시에 이해하고 처리할 수 있는 멀티모달(Multimodal) 인공지능이다. 알파고가 상징했던 '특화된 인공지능'을 넘어선 '범용 인공지능(General AI)'의 실현 가능성을 제시했다. 알파고가 보여준 전략과 직관 능력에 더해 제미나이는 이제 언어, 창작, 사고의 영역까지 탐색 중이다.

구글은 책, 지도, 유전자, 자동차, 안경, 풍선, 바둑에 이르기까지 세상을 구성하는 거의 모든 정보 구조에 손을 뻗었다. 그리고 그 모든 실험의 중심에는 정보를 체계화하고 모두가 쉽게 접근할 수 있게 하려는 집요한 철학이 흐르고 있었다. 이제 구글은 단순히 검색을 넘어 세상을 설계해 나가고 있다.

세상을 바꾼 조직문화: 사악해지지 말자, 그 다음 문장은?

구글은 창립 초기부터 기존의 기업 문법을 뒤흔드는 독창적인 조직문화를 구축했다. '놀이터형 회사'란 표현은 그 대표적인 예시다. 업무공간 한가운데 휴게 공간과 게임룸, 셰프가 있는 식당이 놓이고 반려견과 함께 출근할 수 있는 환경이 마련된 회사. 이런 공간은 직원들이 편안하게 몰입하며 창의력을 발휘할 수 있도록 설계된 것이었다.

당시 CEO였던 에릭 슈미트가 티셔츠 차림으로 출근해 빈자리에 앉은 일화는 수평적 문화를 상징하는 사례로 회자했다.

구글 조직문화의 또 다른 핵심은 '20:80 법칙'이다. 주어진 업무에 80%의 시간을 쓰되 나머지 20%는 자신이 흥미를 느끼는 창의적 프로젝트에 자발적으로 참여하도록 한 것이다. 이 제도는 실제로 지메일(Gmail), 애드센스, 구글 뉴스 등 주요 서비스를 탄생시켰다. 이처럼 기존의 틀을 벗어난 방식은 구글을 '우리 상식으로는 이해되지 않는 회사'로 만든 배경이 됐다. 그 중심에는 '구글러'라는 독특한 인재상이 있었다. 구글은 빠르게 변화하는 환경에 유연하게 적응하고, 동료와 팀을 위해 헌신하며, 문제가 생기면 직접 나서서 해결하려는 태도를 중시했다. 또한 조직의 모든 계층과 열린 소통을 할 수 있고, 윤리적 기준을 지키며, 세상을 더 나은 방향으로 바꾸고자 하는 열정을 지닌 사람이 바로 구글이 원하는 인재였다. 이런 인재들이 모여 자유로운 분위기 속에서도 스스로 책임을 지는 문화가 형성됐고, 이는 곧 업무 효율 성과로 이어졌다. 구글은 이러한 조직문화를 바탕으로 혁신과 성장을 동시에 이끌며 실리콘밸리 문화의 표본처럼 여겨졌다. '직원 중심', '수평적 리더십', '자율성과 창의성 보장'은 많은 다국적 기업들이 벤치마킹하고자 했던 가치이기도 했다.

하지만 시간이 흐르면서 이 같은 문화가 완전히 이상적이지만은 않다는 지적도 있다. 최근 실리콘밸리 전반에서 나타난 현실은 조직문화의 명과 암을 동시에 보여주었다. 2023년 1월 구글은 약 12,000명의 직원을 감원하며 큰 폭의 구조조정을 단행했다. 2024년에도 구글은 픽셀, 구글 어시스턴트, 핏빗, 핵심 엔지니어링 등 일부 하드웨어와 소프트웨어 부서를 중심으로 약 1,000명 규모의 추가 감원을 했다. 특히 2024년 6월에는 마이크로소프트가 혼합 현실, 애저(Azure), 소비자 판매 부문에서 약 1,000명을 감원했다. 이는 인공지능 개발에 집중하기 위한 전략적 조치라고 알려졌다.

이와 같은 움직임은 드롭박스, 메타, 구글 등 다른 빅테크 기업들도 인공지능 관련 기술에 우선순위를 두기 위해 인력을 감축하는 추세와 상통한다. 이러한 조치는 단순한 비용 절감 차원을 넘어 생성형 인공지능 기술 도입과 핵심 사업 우선순위 조정 같은 전략적 재편의 하나로 해석되고 있다. 한편, 구글은 앱 장터인 플레이스토어의 폐쇄적 운영으로 국내외에서 비판을 받기도 했다. 구글은 안드로이드 기반 스마트폰에 기본 탑재된 자사 앱 장터를 통해 특정 결제 방식을 강제하고, 외부 앱 마켓 설치를 어렵게 만들어 시장 다양성을 저해한다는 지적도 받아왔다. 이에 따라 우리나라는 전기통신사업법을 개정해 이러한 행위를 한 앱 마켓 사업자에게 매출액의 최대 2%까지 과징금을 부과할 수 있도록 했다. 국내에는 SK텔레콤 · LG유플러스 · 네이버가 연합해서 개발한 원스토어, KT의 올레마켓 스토어, 삼성의 갤럭시 스토어 등이 있지만 구글 플레이스토어는 여전히 63%의 시장점유율을 차지하며 사실상 독점적 위치를 유지하고 있다.

구글은 분명 시대를 앞서간 조직이었다. 수직적 위계와 획일성을 벗어나 자율성과 창의성을 중심에 둔 기업문화를 현실에 구현했다. 이러한 실험은 구글이 수많은 혁신을 만들어 내는 원동력이 되었고 실리콘밸리 전반에 큰 영향을 미쳤다. 그러나 이상은 언제나 현실과 마찰을 빚는다. 조직이 커지고, 세상이 빠르게 변하며 기술이 인간을 대체하기 시작한 지금, 구글의 원칙은 더 이상 그대로 유지될 수 없었다.

'사악해지지 말자'는 선언은 분명 구글의 윤리적 좌표였다. 이제는 다시 물어야 할 때이다. 구글은 지금, 과거 자신이 그어놓은 선을 다시 바라보며 조직의 방향과 정체성을 재설정하고 있다. 그리고 이 고민은 단지 기업문화의 문제가 아니라 전 세계 정보 생태계를 설계해 온 구글이라는 존재가 다음 시대에 어떤 가치를 선택할 것인가에 대한 질문이기도 하다.

07 집단지성과 크라우드소싱

_김상현

사소한 다수가 발휘하는 지식의 강력한 힘

"군중의 지혜는 종종 전문가의 지혜보다 낫다."(제임스 서로위키)

집단지성(Collective Intelligence)은 프랑스의 미디어 사회학자인 피에르 레비(Pierre Levy)가 지칭한 용어로 개인들의 협력을 통해 얻게 되는 집단의 지적 능력을 말한다. 보통 사람들도 소수의 전문가보다 더 뛰어날 수 있다는 믿음에 기초한 새로운 형태의 지식정보 생산 모델이다. 다만, 집단지성은 구성원들이 독립성을 유지하면서 다양한 시각을 바탕으로 분산된 정보를 통합할 때 비로소 발휘된다.

집단지성의 초기 개념은 개미의 사회적 행동을 관찰한 곤충학자 휠러(Wheeler)의 연구에서 비롯했다. 그는 개미가 하나의 개체로는 미미하나 군집을 이루고 협업하며 높은 지능 체계를 형성한다는 사실을 밝혔다. 이러한 통찰은 인간 사회에도 적용될 수 있는 중요한 시사점을 제공한다.

이후 피에르 레비는 이 개념을 디지털 환경에 적용했다. 그는 인터넷을 기반으로 한 집단지성의 활용을 예견하는 저서 《집단지성(L'intelligence collective)》을 1994년에 펴냈다. 이를 통해 지식과 정보가 자유롭게 분배되고 상호 교환되는 사이버 공간 구조를 중심으로 집단지성의 형태를 제시했다. 인터넷이라는 디지털 플랫폼은 시간과 공간의 제약을 넘어 수많은 개인이 동시에 참여하고 의견을 나누게 한다. 지식의 생산 방식이 전문가 중심의 수직적 구조에서 참여자 중심의 수평적 형태로 전환한 것이다.

새로운 지식의 흐름, 디지털 집단지성의 실현

디지털 집단지성의 가장 대표적인 사례는 2001년 1월 15일 지미 웨일스(Jimmy Wales)와 래리 생어(Larry Sanger)가 개설한 위키피디아(Wikipedia)라 할 수 있다. 위키피디아는 온라인 백과사전으로 누구나 자유롭게 글을 쓰고 수정할 수 있는 개방형 플랫폼이다. 위키피디아의 콘텐츠는 저작권이 아닌 공유저작권(Creative Commons License, CCL) 아래 운영되며, 비영리 단체인 위키미디어 재단이 이를 관리한다. 하와이어로 '빨리빨리'를 뜻하는 '위키'라는 이름처럼 지식이 신속하게 축적되고 확산하는 구조다. 이 방식은 지식의 공유 가능성에 대한 인식에서 출발한다. 1813년 미국 독립선언서를 작성한 미국의 제3대 대통령 토머스 제퍼슨(Thomas Jefferson)은 아래와 같은 말을 남겼다.

> "나에게서 어떤 아이디어를 받은 사람은 — 마치 내 초에서 불을 붙여가는 사람이 내 초의 불빛을 조금도 흐리게 하지 않고도 자신의 초에 불을 밝힐 수 있는 것처럼 — 나의 아이디어를 하나도 해치지 않으면서 자신의 지식을 얻는다."

이처럼 지식과 아이디어는 나누어도 줄지 않고 오히려 더 널리 확산하는 속성을 지닌다.

집단지성은 다양한 온라인 커뮤니티에서 중요한 역할을 하며 실제 사회 문제 해결에 기여하고 있다. 대표적인 사례로 '네티즌 수사대'를 들 수 있다. 이들은 특정 사건 발생 시 '신상 털기' 등 커뮤니티 사용자 간의 신속한 정보 조합, 사진 분석, 영상 판독을 통해 피의자 혹은 증인을 찾아내는 활동을 한다. 또한 〈오마이뉴스〉는 수많은 시민기자가 기사를 직접 작성해 지역성과 일상성을 반영한 보도를 가능하게 했다. 2025년 5월 기준으로 102,709명의 시민기자가 1,316,667개의 기사를 작성했다. 이밖에 보배드림, 뽐뿌, 인스티즈 등 여러 커뮤니티에서는 누리꾼들이 자발적으로 정보를 나누며 사실을 검증하고 집단적인 지식 공유와 문제 해결의 구조를 만들었다.

집단지성의 작동 원리

제임스 서로위키(James Surowiecki)는 2004년 출간한 저서 《대중의 지혜》를 통해 집단지성이 효과적으로 작동하기 위한 세 가지 핵심 요건을 제시했다. 바로 독립성, 다양성, 분산된 정보를 통합하는 메커니즘이다. 독립성은 구성원의 판단이 타인의 영향을 받지 않고 독립적으로 형성되어야 함을 뜻한다. 다양성은 서로 다른 배경과 관점을 가진 사람들이 참여해야 함을 의미한다. 분산된 정보의 통합 메커니즘은 개별 정보를 효과적으로 공유하고 통합할 수 있는 구조가 필요하다는 뜻이다. 이 가운데 특히 독립성과 다양성이 중요한 이유는, 집단의 최고 선택이 합의나 타협보다 다양한 의견의 불일치와 경쟁에서 나오기 때문이다. 결국 현명한 집단을 만들어 내는 최고의 방법은 각 개인이 외부의 영향 없이 독립적으로 사고하는 것이다. 서로위키가 소개한 집단지성의 대표적인 사례는, 가축 품평회에서 유전학자이자 통계학자인 프랜시스 골튼(Francis Galton)이 관찰한 현상이다. 787명의 참가자가 소의 무게를 추측했는데, 이들이 제출한 평균값은 1,197파운드로 실제 무게인 1,198파운드와 거의 일치했다. 단 한 명도 정확히 맞히지 못했지만, 대중의 평균적 추론이 전문가 못지않게 정밀할 수 있음을 보여주는 사례였다. 답은 한 사람의 천재가 아닌 대중의 손에 있었다.

집단지성의 힘을 활용한 혁신, 크라우드소싱!

집단지성의 흐름은 자연스럽게 크라우드소싱 개념으로 확장되어 연결된다. 2006년 와이어드(Wired) 객원 편집자인 제프 하우(Jeff Howe)가 처음 제안한 이 개념은 '군중(Crowd)'과 '외부 위탁(outsourcing)'의 합성어다. 이는 특정 전문가나 조직이 아닌 불특정 다수의 지식과 아이디어를 활용해 문제를 해결하거나 새로운 가치를 창출하는 방식을 뜻한다.

초기 선두 주자는 2000년에 설립된 온라인 의류 브랜드 스레드리스

(Threadless)였다. 이 플랫폼은 사용자들이 직접 티셔츠 디자인을 제안하고 사이트에 올리면 다른 사용자들이 이를 평가해 상품화하는 구조였다. 이를 통해 소비자가 곧 기획자가 되는 새로운 소비문화를 만들었다.

또 다른 사례로 문제 해결 전문 플랫폼 이노센티브(InnoCentive)가 있다. 이 플랫폼은 기업이 해결하지 못한 문제를 플랫폼에 공개하면(seeker) 전 세계의 일반 사용자들이 이에 대한 해결책을 제시하는(solver) 방식이다. 기업은 제안된 아이디어 가운데 채택할 대안을 선택할 수 있으며, 참여자는 보상을 받는다.

크라우드펀딩 역시 인터넷 기반 플랫폼을 활용해 대중으로부터 자금을 모으는 새로운 방식이다. 즉, 아이디어는 있으나 자금이 부족한 개인이나 단체가 특정 프로젝트를 인터넷에 제안하고 목표 금액과 기간을 설정해 익명의 다수로부터 투자를 받는다. 대표적인 크라우드펀딩 플랫폼으로는 미국의 킥스타터, 국내에는 텀블벅과 와디즈가 있다.

- 킥스타터(Kickstarter): 2009년에 설립된 미국의 대표적인 플랫폼으로 창의적인 아이디어를 실현하려는 창작자와 이를 후원하려는 사람들을 연결하는 역할을 한다. 예술, 디자인, 기술 등 다양한 분야의 프로젝트가 등록된다. 펀딩이 완료되면 제작된 결과물을 후원자에게 보상으로 제공하는 방식을 최초로 도입했다.
- 텀블벅(Tumblbug): 2011년 설립된 우리나라의 문화 · 예술 콘텐츠 중심의 플랫폼으로 창작자와 후원자가 함께 아이디어를 완성해

나가는 방식으로 진행된다. 창작자는 자신이 구상한 프로젝트를 소개하고 창작물 제작에 필요한 예산을 모금하며 목표 금액을 달성하면 해당 프로젝트를 실행하고 약속한 보상을 후원자에게 전달한다.

- 와디즈(Wadiz): 2012년 설립된 국내 최대의 크라우드펀딩 플랫폼이다. 단순 리워드형 펀딩뿐 아니라 투자형 펀딩, 나아가 직접 투자 서비스까지 제공하며 다양한 창작과 창업 프로젝트도 지원하고 있다.

저널리즘 분야에서도 크라우드소싱은 새로운 보도 방식으로 자리잡고 있다. 2013년 5월 〈한겨레〉가 진행한 '전두환 재산 찾기 프로젝트'는 전문 기자들만이 아닌 일반 시민들의 제보와 참여로 이루어졌다는 점에서 큰 의미가 있다. 시민들은 온라인을 통해 관련 제보를 올리고, 의심이 가는 재산 정보를 공유하며 탐사 보도에 참여했다. 같은 해 6월에는 비영리 독립 언론 〈뉴스타파〉가 국제탐사보도언론인협회와 함께 조세피난처에 계좌를 둔 한국 기업들과 인사들을 추적하는 국제 공조 취재에 착수했다. 이 과정에서도 일반 시민들로부터 수집한 다양한 제보를 바탕으로 정보를 분석하고 보도에 반영했다. 이는 전문 기자 중심의 취재 관행에서 벗어나 시민 참여를 기반으로 한 새로운 형태의 집단지성 저널리즘이다.

참여에서 서비스 혁신까지, 산업 전반으로 부상한 크라우드소싱!

크라우드소싱은 물류, 자동차, 광고 등 다양한 산업 분야로 빠르게 확산하고 있다. 2015년 9월 아마존은 '아마존 플렉스(Amazon Flex)'라는 서비스를 도입했다. 이 시스템은 누구나 아마존의 시간제 배달원으로 참여할 수 있게 해 고객이 직접 상품을 전달하는 구조다. 시간당 18~25달러를 벌 수 있으며 2025년 현재도 운영 중이다.

자동차 산업의 크라우드소싱 사례로는 2007년부터 2022년까지 운영된 로컬모터스(Local Motors)가 있었다. 자동차 산업은 오랜 기간 대규모 설비 투자와 표준화된 생산 방식을 기반으로 운영되었다. 그러나 로컬모터스는 기존 자동차 산업에 과감한 방식으로 도전했다. 핵심은 누구나 참여할 수 있는 디자인 플랫폼에 있다. 일반 이용자들이 직접 자동차 디자인을 설계해 제안하면, 선호도에 따라 자동차를 맞춤형으로 생산한다. 이후 고객은 자신이 직접 선택한 차량을 주문하고 제작 상황까지 온라인으로 확인할 수 있다. 각 디자인은 최대 2,000대만 생산되어 규모의 경제는 누리지 못한다. 그럼에도 재고의 부담 없이 소비자의 수요 변화에 기민하게 대처하는 장점이 있다. 이 회사의 설립자인 제이 로저스(Jay Rogers)가 대학 시절 수업에서 접한 스레드리스에서 영감을 받아 탄생했다. 2009년에 출시한 오프로더 차량으로 유명한 랠리 파이터는 한국인 김상호가 외관 디자인을 제출하고 커뮤니티 투표를 통해 선정되었다.

광고 분야에서도 이 같은 전략은 활발히 활용된다. 스타벅스(My Starbucks Idea), 하이네켄(Ideas Brewery), 도리토스 슈퍼볼 광고 공모전은 소비자의 아이디어를 수렴하고 이를 실제 마케팅에 반영한 대표적인 사례다.

- 스타벅스(My Starbucks Idea): 고객의 아이디어를 서비스의 혁신으로! 2008년 스타벅스는 미국 내 패스트푸드 체인점의 저가 커피 공세로 인해 매출이 감소하는 위험에 직면했다. 이에 스타벅스는 가격 경쟁과 차별화된 서비스로 My Starbucks Idea라는 온라인 브랜드 커뮤니티를 시작했다. MyStarbucksIdea.com은 제품과 서비스에 관한 소비자의 아이디어를 수집·평가하고 보상해 신제품이나 새로운 서비스를 만들어 내며 성공적인 결과를 얻었다. 이 커뮤니티는 간단한 4가지 규칙으로 운영되고 있다. 자신의 아이디어를 공유하고(Share) 좋은 아이디어에 투표한 뒤(Vote) 댓글로 그 아이디어를 토론하며(Discuss) 어떻게 실현되는지 지켜보는(See) 것이다. 이 서비스를 통해 모바일 주문 앱, 무료 와이파이 도입 등 실질적인 변화가 이루어졌다.
- 하이네켄(Ideas Brewery): 네덜란드가 낳은 유명한 맥주 하이네켄은 2012년부터 Ideas Brewery라는 이름의 크라우드소싱 프로젝트를 운영했다. 이 플랫폼은 소비자와 일반 대중을 하이네켄의 제품개발이나 마케팅 아이디어에 직접 참여시킴으로써 참신한 아이디어를 확보했다. 해당 아이디어는 일반공개와 전문가 평가를 통해 심사되고 우수한 제안에는 상금이나 신제품 실현 가능성까지 검토되었다.
- 도리토스 슈퍼볼 광고 공모전: 크래시 더 슈퍼볼(Crash the Super Bowl)

세계적인 나초 브랜드 도리토스가 2006년부터 시작한 슈퍼볼 광고 공모전은 대표적인 소비자 참여형 마케팅이다. 이 공모전은 전 세계 누구나 참여할 수 있는 열린 구조로 운영되었다. 참가자는 도리토스를 주제로 한 창의적인 광고영상을 직접 제작해 공모전에 출품한다. 이 가운데 우수한 작품 10편이 온라인 투표 대상이 된다. 최종적으로 높은 점수를 받은 광고 두 편은 미국 최대 스포츠 행사인 슈퍼볼의 광고 시간대에 방영된다.

사소한 다수가 발휘하는 지혜, 같이 살아갈 힘이 되다!

집단지성과 크라우드소싱은 단순한 '참여 방식의 전환'이 아니다. 기술의 발전과 함께 그 활용 범위가 정치, 교육, 행정, 과학, 도시계획 등 다양한 분야로 확장하고 있다. 개인이 참여하고 군중이 해결하는 새로운 시스템은 세상의 다양한 영역을 변화시킨다. 같이 살아가는 세상을 위해서 더 나은 미래는, 한 사람이 참여하고 다수의 지혜가 모이며 만들어진다.

집단사고(Group Think)

집단지성과 집단사고는 집단 내에서 발생하지만, 작동 방식과 결과는 본질적으로 다르다.
집단사고는 1972년 미국의 심리학자 어빙 재니스(Irving Janis)가 저서 《집단사고에 의한 희생들(Victims of Groupthink)》에서 처음 제시했다. 그는 피그만 침공이 실패한 원인을 분석하며 높은 응집성을 가진 집단에서 비판적 사고가 억압되고 만장일치를 추구하는 분위기가 비합리적인 의사결정을 초래한다고 보았다. 재니스는 이러한 현상을 "합의를 이루기 위한 지나친 노력으로 인해 반대 의견을 무시하거나 회피하는 경향"이라고 설명했다. 즉, 집단 내 갈등을 회피하려는 경향이 강해질수록, 의사결정의 논리적 타당성과 정당성은 약화할 수 있다는 것이다. 이에 따라 다양한 대안의 검토가 부족해지고 비판적 검토 과정이 생략되어 오류 가능성이 커진다. 이러한 환경에서는 집단의 결정에 동조하지 않는 의견이나 방안을 쉽게 배척하는 성향이 크다. 이와 유사한 현상으로 '집단극화(Group Polarization)'가 있다. 이는 개인으로 판단할 때보다 집단 속에서 의견을 형성할 경우, 집단의 결론이 더 극단적인 방향으로 치우치는 경향을 의미한다.

03

창업 과정

08
트위터(Twitter)와 창업마인드

_김영욱

"우리는 종종 인터넷이 새로운 일을 가능하게 한다고 생각하지만, 사람들은 항상 해오던 일을 더 쉽게 하고 싶어 할 뿐이다."(에반 윌리엄스)

기술은 언제나 사람의 말에서 시작된다. 에반 윌리엄스(Evan Williams)는 그 '말의 가능성'을 좇아온 사람이었다. 그는 사람들이 더 쉽게 말하고, 더 멀리 전하며, 더 넓게 연결되기를 바랐다. 그렇게 탄생한 것이 바로 트위터다. 단 140자에 불과한 짧은 문장들이지만, 그 안에는 세계의 뉴스가 담기고, 혁명이 자라났으며, 때로는 한 사람의 외침이 수백만의 공감을 끌어냈다.

윌리엄스는 거대한 플랫폼보다 간결함, 개방성, 자율성을 추구했다. 사용자의 자발성과 창의성에 기댄 그의 설계는 오늘날 우리가 알고 있는 소셜미디어 문법의 출발점이 되었다. 그가 만든 플랫폼의 궤적 속에서, 기술과 사람을 잇고자 했던 한 창업가의 고민을 읽을 수 있다.

표현의 자유를 설계하다: 에반 윌리엄스와 트위터의 탄생

"모두가 떠난 뒤에도, 단 한 사람은 남아 있었다(And Then There Was One)."

키보드 앞에 앉은 그는 여전히 글을 쓰고 있었다. 파이라 랩스(Pyra Labs)의 공동 창업자였던 맥 휴리한(Meg Hourihan)과 개발자들이 하나둘 회사를 떠날 때, 에반 윌리엄스는 홀로 블로거(Blogger)를 지키고 있었다. 수익모델도 명확하지 않았고, 서버 비용을 감당하기도 빠듯했다. 하지만 그는 말하는 도구가 지닌 가능성만큼은 끝까지 놓지 않았다.

1999년 프로젝트 관리 도구를 만들기 위해 시작한 파이라 랩스는 예상과 다른 길로 접어들었다. 팀 내부에서 실험적으로 확장된 기능이 결국 '블로거닷컴(Blogger.com)'이라는 이름으로 출시되었고, 그때까지만 해도 생소했던 '블로그(Blog)'라는 개념은 이 플랫폼을 통해 대중화되기 시작했다. 에반 윌리엄스는 블로깅이 소수의 특권이 아니라, 누구나 말할 수 있는 민주적인 도구가 되기를 바랐다. 그는 기술이 사람의 '말'을 더 널리, 더 쉽게, 더 자율적으로 풀어내는 도구가 되리라 믿었다.

2001년 전환점이 찾아왔다. 그가 블로그에 남긴 한 편의 글, "모두가 떠난 뒤에도, 단 한 사람은 남아 있었다." 이 글을 읽은 트렐릭스(Trellix) 창업자 댄 브릭클린(Dan Bricklin)은 깊은 감명을 받고 투자를 결정했다. 덕분에 블로거는 다시 숨을 쉴 수 있었고, 2003년 2월에는 구글에 인수되었다. 에반 윌리엄스는 약 1년 반 동안 구글에서 일하다 2004년 새로운 길을 택했다.

다음 행선지는 팟캐스트(Podcast)였다. 2005년 노아 글래스(Noah Glass)와 함께 오데오(Odeo)를 창업한 윌리엄스는 음성 콘텐츠의 가능성에 주목했다. 하지만 이내 거대한 벽을 마주한다. 애플이 아이튠즈(iTunes)에 팟캐스트 기능을 통합하며 시장의 판이 바뀐 것이다. 오데오 내부는 다시 혼란에 빠졌고, 이때 잭 도시(Jack Dorsey)라는 개발자가 한 가지 제안을 한다. "지금 이 순간, 당신이 뭘 하고 있는지를 짧게 공유할 수 있다면 어떨까요?" 그 단순한 아이디어는 곧 '트위터'라는 실험으로 구체화했다. 에반 윌리엄스는 그것이 갖는 '즉시성'과 '간결함'에 큰 가능성을 보았다.

윌리엄스는 비즈 스톤(Biz Stone), 노아 글래스, 잭 도시와 함께 이 프로젝트를 본격적으로 추진했다. 이 플랫폼은 곧 '트위터(Twitter)'라는 이름을 갖게 된다. 트위터는 누구의 일방적인 성과가 아닌, 협업의 결과로 태어난 플랫폼이었다.

에반 윌리엄스는 기술이 거창한 게 아니라, 사람들이 예전부터 해오던 것을 더 편하게, 더 많이, 더 자유롭게 할 수 있도록 도와주는 것이라 믿었다. 그가 설계한 플랫폼의 궤적에는 언제나 '사람의 말'이 중심에 있었다. 그리고 그 말이 더 멀리, 더 자유롭게 전해지기를 바란 창업자의 신념이 있었다.

트위터는 2006년 3월 21일 첫 트윗을 시작으로, 같은 해 7월 15일에 서비스를 공식 출시했다. 회사는 2007년 4월에 설립됐으며, 한국어 서비스는 비교적 늦은 2011년 1월 19일부터 제공됐다. 트위터는 140자 이내의 짧은 글을 올리는 '트윗'과 이를 공유하는 '리트윗' 기능, 그리고 '팔로우(follow)-맞팔로우(follow back)'에 기반한 느슨한 네트워크 구조를 통해 빠르게 성장했다. 이후 트윗의 글자 수는 점차 확대됐고, 현재는 유료 구독 서비스인 X 프리미엄(구 트위터 블루) 이용자에 한해 최대 25,000자까지 작성할 수 있다. 일반 사용자에게는 여전히 280자 제한이 적용되며, 이러한 간결함은 트위터의 핵심 정체성으로 유지되고 있다. 트위터의 140자 제한은 초기 SMS 문자 메시지(160자 제한)와 호환을 고려해 설계되었다. 2017년에는 영어권 사용자를 중심으로 트윗 길이를 280자로 확대했다. 한국어, 중국어, 일본어처럼 한 문자당 정보 밀도가 높은 언어권은 초기에 이 조치에서 제외되었다. 트위터는 2012년 월간 활성 이용자 수(MAU) 1억 명을 돌파했고, 일론 머스크(Elon Musk)가 인수하기 직전인 2022년에는 약 3억 명 수준에 이르렀다. 이용자 수는 꾸준히 증가해 2025년 기준으로 글로벌 월간 활성 이용자 수는 약 6억 명에 달하는 것으로 추정된다. 경영진의 변화 또한 트위터 역사에서 중요한 전환점이었다. 2010년 10월 공동 창업자인 에반 윌리엄스가 CEO 자리에서 물러난 뒤 딕 코스톨로(Dick Costolo)가 그 뒤를 이었다. 2015년 10월에는 또 다른 공동 창업자인 잭 도시가 CEO로 복귀했다. 이후 2021년 11월 잭 도시가 사임하면서 파라그 아그라왈(Parag Agrawal)이 CEO를 맡았다. 2022년 10월에는 테슬라 CEO 일론 머스크가 약 440억 달러(한화 약 63조 원)에 트위터를 인수하며 새로운 국면을 맞았다. 이 금액은 우리나라 2023년 예산인 약 639조 원의 10%에 해당하는 규모로, 글로벌 플랫폼 기업 인수 사례 중에서도 손꼽히는 대형 거래였다.

에반 윌리엄스의 실험: 트위터를 넘어 미디엄(Medium)으로

트위터는 초창기부터 사용자들에게 혼란을 주었다. 140자 제한, 간단한 인터페이스, 느슨한 팔로잉 구조를 처음 접하는 이들은 막막했다. "무엇을, 어떻게 써야 할까"라는 고민이 뒤따랐다. 지나치게 단순한 사용법은 오히려 진입 장벽이 되었다. 친구 기반의 폐쇄형 네트워크에 익숙했던 당시 사용자들은 관계의 밀도도 부족하다고 느꼈다. 리트윗(RT, Retweet), 멘션(Mention), 해시태그(Hashtag) 등은 처음부터 존재한 기능이 아니었다. 혼란 속에서 사용자들이 자발적으로 만들어 낸 형식이었다. 실험과 시행착오를 거치며 트위터는 점차 '쓰기의 형식'을 학습해 나갔고, 이는 오늘날 트위터 문법의 기초가 되었다.

트위터의 전환점은 기술이나 기능의 변화 때문이 아니었다. 사용자들이 실제로 활용하는 과정에서 자연스럽게 형성됐다. 2008년 미국 대선에서 오바마 캠프는 트위터를 유권자와 직접 소통하는 도구로 활용했다. 이로써 트위터는 정치 커뮤니케이션의 새로운 지평을 열었다. 단순한 메시지 도구를 넘어 공적 담론의 장으로 확장할 수 있음을 보여준 사례였다.

2009년에는 뉴욕 허드슨강에 비행기가 불시착했다. 한 시민이 현장을 촬영해 트위터에 올리면서 트위터는 '속보의 통로'로 주목받았다. 2011년 '아랍의 봄' 당시에는 억압받던 시민들의 목소리가 트위터를 통해 실시간으로 세계에 전달됐다. 트위터는 기존 언론의 프레임을 넘어서 사회 변화를 촉진하는 탈중앙 미디어로 자리 잡았다. 이러한 사례들은 SNS의 성격이 플랫폼 자체가 아니라, 사용자에 의해 결정된다는 사실을 잘 보여준다.

해시태그(#)는 2007년 한 사용자의 제안으로 처음 등장했다. 트위터는 이를 2009년 공식 기능으로 채택했다. 공동 창업자 비즈 스톤(Biz Stone)은 트위터의 진정한 가치를 "사용자들의 창의적이고 예기치 못한 활용 방식"에서 찾았다. 리트윗은 기존 트윗에 새로운 주목도를 부여하며, 실시간성과 연대성을 강화하는 핵심 기능으로 자리 잡았다.

2010년 10월 에반 윌리엄스는 트위터 CEO 자리에서 물러났다. 이후 그는 제품 전략에 집중했다. 당시 그는 수익성 있는 기업으로 성장하면서도, 사용자 경험과 고유한 문화를 지키는 게 중요하다고 강조했다. 트위터가 API를 외부에 개방해 트윗덱(TweetDeck) 같은 서드파티(Third Party) 서비스를 낳은 것도 이 같은 철학의 결과였다. 이로써 '트위터버스(Twitterverse)'라는 생태계가 형성되었다.

2012년 에반 윌리엄스는 트위터 공동 창업 이후 새로운 플랫폼인 미디엄(Medium)을 설립했다. 미디엄은 WYSIWYG(What You See Is What You Get) 방식의 직관적인 도구를 통해 누구나 쉽게, 깊이 있는 글을 쓸 수 있도록 설계되었다. 윌리엄스는 단문 중심의 트위터와 다른, 서사적 표현이 가능한 공간을 만들고자 했다. 이런 철학은 국내 플랫폼 '브런치 스토리'의 지향점과도 유사하다.

현재 미디엄은 광고 대신 유료 구독 모델을 운영하고 있다. 이를 통해 저널리스트, 작가, 전문가들이 독자와 직접 연결되는 생태계를 지향한다. 이는 에반 윌리엄스가 추구한 '콘텐츠의 독립성과 깊이 있는 공론장'이라는 철학을 반영한 시도다. 일부 작가들은 플랫폼 내에서 충성도 높은 독자층을 형성하고 있다.

머스크의 인수와 트위터의 해체: 'X'로의 전환과 철학의 붕괴

2025년 현재 'X(구 트위터)'의 월간 활성 사용자 수(MAU)는 약 6억 1,100만 명이다. 2022년 약 3억 6,800만 명에서 꾸준히 증가한 수치다.

2024년 초 기준 한국의 X 이용자는 약 1,040만 명으로, 전체 인구의 약 20%가량에 달한다. 플랫폼 명칭 변경과 서비스 구조 개편(X Premium 유료 구독, 알고리즘 추천 강화 등)을 거치며, X는 글로벌과 국내 사용자 기반 모두에서 뚜렷한 변화를 겪고 있다. 2022년 10월 27일, 일론 머스크는 약 440억 달러에 트위터를 인수하며 플랫폼 변화의 시작을 알렸다. 그는 인수 직후 최고경영진을 해고하고, 전체 직원의 약 80%를 감축했다. 2023년 7월에는 트위터의 이름과 로고를 'X'로 전면 교체했다. 이로써 상징이던 파란색 로고는 사라졌다. 머스크는 트위터를 '모든 것을 위한 앱'으로 재구성하겠다는 비전을 제시했고, 이에 따라 플랫폼의 구조와 방향도 근본적으로 바뀌기 시작했다.

일론 머스크는 인수 이후 콘텐츠 정책을 대폭 수정했다. 플랫폼 운영 기조에도 중대한 변화가 일어났다. 표현의 자유를 앞세우며, 과거 이용 규정 위반으로 정지됐던 다수의 계정을 복원했다. 그 결과 극우 성향 계정과 혐오 발언의 노출이 눈에 띄게 증가했다. 실제로 인수 이후 트위터에서는 동성애와 트랜스젠더 혐오 표현이 각각 50% 이상 증가한 것으로 보고되었다. 특히 2022년 11월 머스크는 사용자 투표 결과를 근거로 도널드 트럼프 전 미국 대통령의 계정을 복원했다. 해당 계정은 2021년 1월 미국 의회 폭동 이후 영구 정지됐던 것으로, 복원 결정은 전 세계적으로 큰 논란을 불러일으켰다.

영국 런던대학교 시티 캠퍼스(City, University of London)의 연구에 따르면, 일론 머스크가 트위터(현 X)를 인수한 이후 플랫폼 내에서 기후 위기를 부정하는 트윗이 급증했다. '기후 사기(#ClimateScam)' 해시태그가 포함된 트윗 수는 2020년 약 22만 건에서 2021년 65만 건, 2022년에는

85만 건으로 늘었다. 이러한 현상은 머스크가 콘텐츠 조정팀을 해고하고, 기후 변화 부정 발언으로 정지됐던 계정들을 복원한 일과 무관치 않다. 이러한 변화 속에서 트위터의 미국 내 일일 활성 이용자 수는 2022년 대비 약 23% 감소했다.

일론 머스크가 트위터(현 X)를 극단적인 방향으로 재구성한 배경에는 개인적인 요인이 작용했다. 2023년 출간된 월터 아이작슨의 전기 《일론 머스크》에 따르면, 머스크는 미국 사회의 과도한 '정치적 올바름(political correctness)' 요구에 반감을 품었다. 특히 큰아들이 성전환 수술을 받은 뒤 자신과 관계를 끊은 일은 머스크에게 큰 충격이었다. 이를 계기로 머스크는 인터넷상의 진보적 여론 형성에 반감을 품게 되었고, 트위터를 인수해 보수 진영의 여론 형성 플랫폼으로 재구성하려 했다는 분석이 제기된다.

일론 머스크가 트위터를 인수한 뒤 플랫폼은 뉴스피드를 '추천(For You)'과 '팔로잉(Following)' 두 가지 탭으로 나누었다. 기본 설정은 '추천' 탭으로 변경되었다. 과거에는 팔로우한 계정의 게시물이 먼저 보였지만, 이제는 알고리즘이 선별한 콘텐츠가 우선 노출된다. 이는 플랫폼이 사용자에게 전달하는 정보의 방향과 내용을 더욱 쉽게 통제할 수 있는 구조로 바뀌었음을 의미한다. 이러한 변화는 페이스북의 모회사 메타(Meta)의 행보와도 이어진다. 메타는 트위터를 겨냥해 마이크로블로그 서비스 '스레드(Threads)'를 출시했다. 이 서비스는 '추천(For You)' 피드를 기본값으로 설정해, 알고리즘 기반 정보 유통을 강화했다. '메타 버전 트위터'라는 평가 속에 빠르게 주목을 받았지만, 사용자 참여는 급격히 줄어들었다. 페이스북 내부 고발자들은 메타가 참여를 극대화하기 위해 알고리즘을 설계했다고 밝혔다. 플랫폼의 중독성과 유해성이 더 심해졌다는 비판도 제기되었다.

트위터는 사라졌지만, 에반 윌리엄스는 남았다

트위터는 더 이상 존재하지 않는다. 이름은 X로 바뀌었고, 파랑새 로고도 사라졌다. 그러나 진짜 사라진 건 창업자들이 품었던 비전과 철학이다. 에반 윌리엄스는 트위터를 단순한 SNS가 아닌, 누구나 생각과 정보를 공유할 수 있는 공공 플랫폼으로 구상했다. 사용자 주도의 개방성과 정보 흐름의 민주성은 그가 줄곧 강조한 신념이었다.

에반 윌리엄스는 트위터 이후 '미디엄(Medium)'을 설립했다. 누구나 쉽게 쓰고 말하며 자신의 이야기를 서사로 완성할 수 있는 공간이었다. 트위터가 단문 중심의 빠른 정보 소비를 가능케 했다면, 미디엄은 깊이 있는 글쓰기를 지향했다. 그에게 기술은 도구였지만, 그 도구는 언제나 '사용자 중심의 건강한 공론장'을 향했다.

오늘날 일론 머스크의 X(구 트위터)와 메타의 스레드(Threads)는 에반 윌리엄스의 철학과 다른 길을 걷고 있다. 그가 강조했던 정보의 공공성과 사용자 주도의 개방성은 사라졌다. 대신 알고리즘 추천, 광고 최적화를 위한 중독적 설계, 사용자 선택권 축소가 자리 잡았다. 이제 플랫폼은 사용자를 설계하는 구조로 바뀌었다. 더 많은 데이터, 더 긴 체류 시간, 더 높은 광고 수익이 핵심 목표가 되었다. 그 속에서 '정보의 공공성'은 점차 희미해지고 있다.

트위터의 해체는 단순한 브랜드의 종말이 아니다. 그것은 기술이 인간을 이롭게 한다는 믿음, 그리고 그 믿음을 현실로 바꾸려 했던 창업가 정신의 후퇴다. 그러나 여전히 누군가는 묻는다. "기술은 누구를 위한 것인가?" 그 질문을 포기하지 않은 사람이 있었기에 트위터도, 미디엄도, 그리고 다음 실험도 가능했다. 에반 윌리엄스의 길은 끝나지 않았다.

09 그루폰과 소셜커머스

_ 김영욱

그루폰(Groupon)은 소셜커머스(social commerce)라는 새로운 거래 방식을 개척한 대표적 서비스다. B2C(기업-소비자, Business-to-Consumer) 구조를 기반으로 하지만, '집단 구매(Group Buying)'를 결합해 전통적 판매 방식에 변화를 줬다. 사용자는 일정 인원 이상이 모이면 할인 혜택을 받을 수 있어 자발적 참여와 확산이 손쉽게 이뤄진다. 이처럼 소비자의 집단행동이 거래 성사에 직접 영향을 주는 구조다.

그루폰은 단순한 유통 채널을 넘어, 판매와 소비를 사회적으로 연결하는 플랫폼을 지향했다. 소셜미디어와 집단 심리를 활용한 최초의 소셜커머스 플랫폼으로 평가받으며, 기존 전자상거래와는 뚜렷한 차별성을 보였다.

그루폰의 창업과 철학: 실천에서 플랫폼으로

그루폰은 'Group(그룹)'과 'Coupon(쿠폰)'의 합성어로, 공동 구매형 쿠폰 서비스를 핵심 모델로 한 기업이다. 2008년 11월 미국 시카고에서 설립된 그루폰은 출시 직후 선풍적 인기를 끌며 단기간에 미국 전역으로 확산했다. 2011년 5월 기준, 미국 내에서만 300개가 넘는 유사 서비스가 등장할 정도였다. 이는 그루폰이 공동 구매형 소셜커머스의 '효시(First Penguin)'로 평가받게 된 배경이 되었다. 후발 업체들은 흔히 '그루폰 카피캣(Fast Follower)'으로 불리며, 차별화에 어려움을 겪었다.

그루폰의 시작은 창업자 앤드루 메이슨(Andrew Mason)의 개인적 문제의식에서 출발했다. 음악을 전공한 그는 졸업 후 직장생활을 하며 공공정책을 공부하던 중 2006년 휴대폰 계약 해지 과정에서 불합리한 절차에 불편을 느꼈다. 당시 그는 "같은 문제를 겪는 사람들이 함께 행동하면 바꿀 수 있지 않을까"라는 생각을 했고, 그 아이디어로 'The Point'라는 집단행동 플랫폼을 만들었다. 이 플랫폼은 일정 인원이 모여야 실행되는 구조였으며, 훗날 그루폰의 '조건부 집단 할인' 모델로 발전하게 된다.

전에 없던 아이디어에 주목한 그의 전 고용주 에릭 레프코프스키(Eric Lefkofsky)는 100만 달러의 시드 자금을 투자하며 사업에 합류하고, 상업적 모델로 전환하면서 2008년 11월 그루폰이 공식 출범했다. 그루폰은 '오늘의 딜'(Deal of the Day)을 전면에 내세우며 사용자에게 매일 하나의 대표 할인 상품을 제공했고, 일정 인원이 구매에 참여해야 거래가 성사되는 구조를 고안했다. 이에 따라 사용자들은 자발적으로 친구들과 링크를 공유하고, SNS를 통해 오늘의 거래를 확산하는 주체가 되었다.

그루폰은 쿠폰 판매 금액의 일정 비율을 수수료로 가져가는 구조였고, 업종에 따라 그 비율은 달랐으나 초기에는 거래 금액의 최대 50%를 수수료로 받기도 했다. 2012년까지 직원 수는 약 11,000명으로 늘었고, 전 세계 48개국에서 서비스를 운영하는 기업으로 성장했다.

그루폰의 영향과 국내 확산

그루폰의 급성장은 전 세계에 소셜커머스 열풍을 불러왔고 우리 시장에도 큰 영향을 끼쳤다. '쿠폰모아', '쿠차', '하루하나' 등은 해외 소셜커머스 구조를 참조해 등장한 서비스들로 다양한 온라인 쇼핑몰의 염가 판매와 쿠폰 정보를 모아 보여주는 방식을 채택했다. 이처럼 그루폰은 실시간 할인 정보를 매개로 새로운 온라인 소비문화를 만들었다. 친구와 함께 요가 수업 쿠폰을 사거나 가족과 지역 서비스를 체험하는 등 소비가 공동 경험이 되는 구조로 지역 커뮤니티 중심의 소비문화를 자극했다. 그루폰이 단순한 전자상거래라기보다 소셜커머스라 불린 이유도 여기에 있다.

그루폰은 2011년에 G-Team 프로젝트를 선보이며 사회적 플랫폼으로의 확장을 시도했다. 'G'는 Grassroots(풀뿌리)를 의미하며, 할인 혜택과 지역사회 기부 활동을 연계하기도 했다. 특정 거래에 100명 이상이 참여할 경우, 인근 학교에 도서를 기증하는 식이었다. 이 프로젝트는

2011년 'Groupon Grassroots'로 이름이 바뀌었으며, 지역 비영리 단체와의 협력을 통해 공동체 참여를 유도한 실험으로 평가받는다.

그루폰의 한계와 쇠퇴

현실은 녹록지 않다. 미국을 포함한 여러 시장에서 일부 가맹점은 할인 효과에 회의적이었고, 수익성 악화와 단골 확보의 어려움도 제기되었다. 과도한 수수료와 갑작스러운 고객 유입은 소상공인에게 손실로 이어지기도 했다. 반복되는 할인 딜은 소비자의 피로도를 높이고, 서비스 품질 저하로 이어지기도 했다. 구조적으로 진입 장벽이 낮았던 터라 수많은 경쟁사들이 등장했고, 그루폰의 혁신성은 빠르게 희석되었다.

국내 시장에는 2011년 진출했으나 이미 쿠팡, 티몬, 위메프 등 국내 기업들이 시장을 선점하고 있었다. 더불어 소비 동향이 빠르게 배송 중심 상품 구매로 이동하면서 로컬 중심 모델을 고수한 그루폰의 흐름과 어긋났다. 결국 2014년 그루폰은 한국 시장에서 철수했다.

한편, 2010년 그루폰은 구글로부터 약 60억 달러(약 6조 원) 규모의 인수 제안을 받았으나 거절했다. 당시 일부 보도에 따르면 야후 또한 인수를 타진한 것으로 알려졌다. 이는 "스타트업 역사상 가장 큰 거절" 중 하나로 회자되었으며, 단기 수익보다 플랫폼 독립성과 장기적 비전을 택한 결정으로 평가되었다. 하지만 이후 실적 부진과 경쟁 심화가 이어졌고, 결국 창업자 앤드루 메이슨은 2013년 CEO 자리에서 해임되었다. 이후 CEO가 잇따라 교체되며 그루폰은 경영 불안정 상태에 빠졌다.

창업 이후의 행보: 메이슨과 창업가 정신

앤드루 메이슨은 2013년 그루폰 CEO에서 해임된 이후에도 창업가로서의 실험을 멈추지 않았다. 같은 해 그는 음악 전공 이력을 살려 중간 관리자들을 위한 록 앨범 〈Hardly Workin'〉을 발표했다. 이 앨범은 "비즈니스 세계에서 일하는 사람들을 위한 사운드트랙"이란 콘셉트로 유머와 풍자를 담은 독특한 시도였다. 창업가 정신이 기술이나 시장 언어에만 갇힐 필요는 없다는 점을 보여준 것이다.

이후 메이슨은 도시 탐험과 내러티브를 결합한 오디오 도보 가이드 앱 '디투어(Detour)'를 개발했다. 사용자는 도시의 특정 장소를 걸으며 그 장소의 역사와 이야기를 들을 수 있었다. 이 앱은 문화 체험과 기술을 접목한 새로운 콘텐츠 플랫폼이었고, 도시 공간과 오디오 기술, 사용자 경험을 창의적으로 융합한 사례로 주목받았다. 2018년 디투어는 보스(Bose)에 인수되었다.

메이슨은 2017년 오디오와 영상 콘텐츠를 텍스트로 쉽게 편집할 수 있는 플랫폼 '디스크립트(Descript)'를 창업했다. 이 서비스는 음성 전사 기능을 바탕으로 오디오 파일을 워드처럼 편집할 수 있도록 설계되었다. 이후 영상편집 · 자막생성 · 화면녹화 · 인공지능음성합성기능(Overdub)까지 탑재하며 크리에이터를 위한 강력한 편집 도구로 자리 잡았다. 특히 인공지능 음성합성기능은 사용자의 목소리를 인공지능이 학습해 자연스러운 음성으로 생성할 수 있어 음성 편집의 방식을 크게 바꾸어 놓았다.

메이슨은 실패나 변화에 주저하지 않고, 기술과 창의성을 결합한 도전에 꾸준히 나섰다. 그의 행보는 단순한 사업 성공을 넘어 창업이란 무엇인지 끊임없이 질문하고 실험하는 과정이었다. 특히 콘텐츠 제작, 도시 체험, 업무 문화 등 일상을 기술로 재해석하려는 시도는 오늘날 젊은 창업자들에게도 여전히 큰 영감을 준다.

로컬 커머스를 향한 실험의 의미

그루폰은 흔히 공동할인구매 쿠폰 사이트로 알려졌지만, 본질적으로는 지역 상권과 소비자를 연결하는 로컬 타깃팅 커머스를 지향한다. "지역 상거래의 일상적 습관이 되는 것"을 사명으로 내세우며 하이퍼로컬 할인 상품, 지리정보 기반 맞춤형 서비스 제공 등을 통해 지역 경제와 온라인 연결성을 결합하려 했다. 이러한 전략은 단순한 할인 유도에 그치지 않았다. 소비자에게는 이웃과 함께 경험을 나누는 기회를 제공하고, 소상공인에게는 새로운 고객 유입과 브랜드 노출의 기회를 제공했다. 특히 온라인 기반 플랫폼이 지역의 물리적 공간과 사회적 관계망을 연결할 수 있다는 가능성을 실험한 선도적 시도였다.

그루폰 사례는 오늘날 대학생들이 사는 지역과 커뮤니티를 새롭게 바라보는 시각을 제시해 준다. 스마트폰을 통해 클릭 몇 번이면 이뤄지는 거래 속에서도 어떤 플랫폼은 여전히 사람 간의 연결을 고민하고 지역사회의 활력을 도모하고자 한다. 로컬 커머스는 단지 상거래 방식의 전환이 아니라 디지털 시대의 새로운 공동체 실험이기도 했다.

그루폰의 실험은 지금도 중요한 함의를 남긴다. 플랫폼은 단순한 거래 기술이 아니라 사람과 사람, 지역과 사람을 연결하는 구조가 될 수 있다. 그루폰은 이 가능성을 가장 먼저 실현하려 했던 플랫폼 중의 하나였다.

10
링크드인과 인문학적 상상력

_김상현

링크드인, 글로벌 비즈니스 세상에서 인맥 쌓기

우리는 모두 거미줄처럼 연결되어 있다. (시애틀 추장)

링크드인은 세계 최대의 비즈니스와 고용 중심의 소셜미디어 플랫폼이다. 이 플랫폼은 페이스북, 인스타그램, 트위터 등 일반적 소통 중심의 소셜미디어와 달리 전문 직업인(professional)을 대상으로 한 인맥 형성과 구인 · 구직 서비스 제공이 핵심이다. 특정 산업 분야에 전문성을 갖춘 사용자는 이 플랫폼에 자신의 경력과 전문성을 효과적으로 공유할 수 있다. 2025년 현재 링크드인은 전 세계 약 11억 5천만 명에 달하는 월간 활성 사용자 수를 보유하고 있으며, 특히 전문직 종사자들을 대상으로 한 플랫폼 중 가장 광범위한 영향력을 지녔다.

인문학에서 플랫폼으로, 연결의 왕 리드 호프먼(Reid Hoffman)의 창업 이야기

실리콘밸리에서 리드 호프먼은 '연결의 왕(King of Connections)', '실리콘밸리의 신관'이란 별칭으로 불릴 만큼 창업과 투자 등 사업 전반의 모든 네트워크를 연결하는데 탁월한 인물로 평가받는다. 그는 친구이자 동료인 피터 씨엘(Peter Thiel)에게 마크 저커버그(Mark Zuckerberg)와 숀 파커(Sean Parker)를 소개했고, 페이스북의 초기 투자자로도 이름을 알렸다. 호프먼은 기술보다 인간과 사회, 그리고 그 관계에 대한 질문에 관심이 있었던 인문학적 사고의 소유자였다. 스탠포드 대학에서 기호체계학을 전공하며 언어를 매개로 한 인간의 상징적 소통 방식을 연구했다. 이어 그는 옥스퍼드 대학원에서 철학 석사 학위를 받았다. 학계에 남아 교수로 활동하는 길을 잠시 고민하던 호프먼은 더 많은 이들과 직접 소통하고 사회에 실질적인 영향을 주고자 실리콘밸리로 발걸음을 옮겼다. 이후 그는 피터 씨엘의 권유에 따라 애플과 후지쯔(Fujitsu)에서 짧은 직장생활을 경험하며 기술 산업에 대한 감을 익혔다.

1997년 8월 호프먼은 초기 SNS 서비스 중 하나인 소셜넷(SocialNet)을 런칭했다. 이 플랫폼은 이성 간의 데이트, 전문 직업인 네트워킹, 룸메이트 매칭이라는 세 가지 주요 기능을 갖추었다. 하지만 사람들은 주로 데이트 기능에만 관심을 가졌고 호프먼이 핵심적으로 추구했던 전문 직업인 네트워킹은 외면받았다. 이에 그는 1999년 자신이 창업한 소셜넷을 떠났다. 그리고 이 서비스는 2001년 유사 서비스인 매치넷(MatchNet)에 인수되었다. 그 뒤 호프먼은 스탠포드 시절 친구였던 피터 씨엘과 다시 만나게 된다. 당시 씨엘은 핀테크(Fin Tech) 스타트업인 페이팔(PayPal)을 막 시작한 단계였고, 호프먼은 페이팔의 부사장으로 합류하며 핵심 경영진의 일원이 된다. 그의 주요 임무는 페이팔과 협업하는 외부 파트너들과 에코 시스템을 설계하고 운영하는 일이었다. 호프먼은 새로운 결제 시스템을 구축할 인재들을 영입하고, 이들이 회사 조직 내에서 원활히 협업할 수 있도록 조율하는 일에 집중했다.

2002년에 페이팔이 매각된 후 그는 자신이 오래도록 꿈꿔온 서비스를 실행에 옮기게 된다. 호프먼은 '생산성 향상과 경력 계발을 위한 인맥을 만들 수 있도록 글로벌 전문가들을 연결'하려는 취지에서 비즈니스 중심의 소셜 네트워크 서비스인 링크드인을 창업하게 된다.

링크드인은 2003년 5월에 본격적인 서비스를 시작했고, 2016년 약 310억 달러(한화 약 31조 원)라는 사상 최대의 금액으로 마이크로소프트에 인수되며 세계를 놀라게 했다. 이는 마이크로소프트가 2014년에 인수했던 스카이프(10조 원)나 2012년에 인수한 인스타그램(1조 2천억 원)보다 훨씬 큰 금액이었다. 링크드인의 사용자당 가치는 1인당 220달러로 계산되었는데, 2014년 왓츠앱이 1인당 40달러로 책정된 것과 비교해 볼 때 상당히 높은 가치임을 알 수 있다. 2016년 마이크로소프트의 인수 당시 링크드인의 가입자 수는 4억 3,300만 명이었고, 월간 활성화 이용자 수는 1억 500만 명에 달했으며, 2021년에는 7억 명 이상으로 증가했다. 또한 분기별 가입자 페이지뷰(PV)는 무려 450억 건에

이르렀다.

2011년 12월 링크드인은 한국어 서비스를 처음으로 선보이며 국내 시장에 진출했다. 그러나 도입 초기에는 가입자 수가 눈에 띄게 낮은 수준이었다. 그 배경에는 우리나라 특유의 취업과 고용 문화가 자리하고 있었다. 그것은 대규모 공채 중심의 채용 방식과 낮은 이직률이었다. 참고로 일본의 경우는 우리나라보다 링크드인 가입률이 더 낮은 상황이었다. 이런 흐름은 최근 몇 년 사이 급격히 바뀌었다. 특히 2019년 기준으로 국내 링크드인 가입자 수는 약 260만 명으로 급증했다. 또한 '한국판 링크드인'이라 불리는 커리어리, 원티드, 리멤버커리어 등 다양한 플랫폼들도 속속 등장했다. 이들은 기존의 구직 중심 플랫폼인 사람인, 잡플래닛과 함께 다양한 방식으로 채용 정보, 경력 기반 서비스를 제공하고 있다. 링크드인 활용법에 관한 실용서가 출간되는 등 링크드인은 국내 시장에서도 직장인, 취업 준비생, 구직자들에게 실질적인 경력 관리 플랫폼으로 자리매김하고 있다.

다양한 수익모델, 손익분기점을 돌파한 링크드인

페이팔을 매각한 후 상당한 자금을 확보한 호프먼은 그 자금을 기반으로 링크드인을 설립했다. 초기에는 모든 사용자가 무료로 이용할 수 있게 서비스를 제공했지만, 시간이 지나면서 프리미엄 기능을 중심으로 한 유료 구독 모델도 도입했다.

페이팔은 원래 컨피니티(Confinity)라는 회사가 개발한 온라인 송금 서비스로, 1999년 인터넷 금융 기업인 X.com과 합병하며 기반을 넓혔다. 이후 페이팔로 회사명을 변경했고 안전하고 간편한 온라인 결제 서비스로 이목을 끌었다. 2001년 페이팔은 이베이 사용자들 사이에서 널리 이용되기 시작했다. 그 후 이베이가 페이팔을 공식 결제 시스템으로 채택하면서 이 서비스의 가치는 급속도로 상승했다. 그 결과, 2002년 7월 이베이는 페이팔을 약 13억 달러(한화 약 1조 7천억 원)에 인수한다. 이에 따라 페이팔의 공동 창업자들은 엄청난 이익을 얻게 되었다.

페이팔 마피아(PayPal Mafia), 미국 IT 혁신의 아이콘

페이팔 마피아는 미국 창업 생태계에 큰 영향을 준 페이팔 출신 인사들의 인적 네트워크를 지칭하는 용어다. 이들은 페이팔의 초기 창립자와 주요 임직원 출신들로, 퇴사 후에도 각각 링크드인을 비롯해 테슬라(Tesla). 팔란티어(Palantir Technologies), 스페이스X(SpaceX), 어펌(Affirm), 슬라이드(Slide), 키바(Kiva), 유튜브, 옐프(Yelp), 야머(Yammer) 등 수많은 혁신 기업을 설립하거나 성장시키는 데 중심적인 역할을 했다. 기업들이 성공하면서 이들 집단은 자연스럽게 페이팔 마피아라는 별칭으로 불리게 되었다. 이 명칭은 2007년 <포춘(Fortune)>에 갱스터 복장을 한 이들의 사진과 함께 소개되면서 널리 알려지게 되었다. 페이팔 마피아는 단순한 유머를 넘어 자금·경험·네트워크로 혁신 비즈니스를 창조하며 새로운 세상을 만들어 나간 창업자 집단의 상징으로 자리 잡았다. 잘 알려진 인물로는 일론 머스크, 피터 씨엘, 리드 호프먼, 채드 헐리(Chad Hurley), 스티브 첸(Steve Chen), 자웨드 카림(Jawed Karim), 제레미 스토펠먼(Jeremy Stoppelman), 러셀 시먼스(Russel Simmons), 데이비드 색스(David Sacks) 등이 있다. 그 중 일론 머스크는 인터넷, 친환경 에너지, 우주 산업 전반에서 혁신적인 역할을 했다. 현재 그는 전기차와 재생 에너지 기업인 테슬라와, 재사용이 가능한 로켓과 우주선을 설계하고 제조하는 회사인 스페이스X의 대표다.

이후 2005년부터 링크드인은 사용자 데이터를 기반으로 한 타깃 광고를 도입하며 수익모델을 다각화하기 시작했다. 로그인한 사용자의 국적, 직장, 직위, 경력, 사업군, 나이 등의 정보를 바탕으로 그 우측 영역에 맞춤형 광고를 노출하는 방식이었다. 링크드인의 타깃 광고는 플랫폼의 특성상 사용자의 상세한 프로필 정보가 반영되므로 정확도가 매우 높고 신규 비즈니스 파트너 확보에도 효과적이라는 평가를 받는다. 2007년에는 이와 같은 유료 서비스와 광고 기반 수익이 본격적으로 실적을 내면서 마침내 손익분기점을 돌파했다.

현재 링크드인의 채용 솔루션은 구직자와 기업을 연결하는 서비스로 플랫폼의 주요 수익원 중 하나다. 이는 기업들이 적합한 인재를 찾고 채용 과정을 지원하는 다양한 서비스를 제공한다. 링크드인의 솔루션은 크게 직접적인 방식과 간접적인 방식으로 나눌 수 있다. 직접적인 방식은 인재 검색과 연락 등 즉각적인 채용 활동을 지원한다. 간접적인 방식은 기업 브랜딩 페이지나 콘텐츠 운영 등 장기적인 기업 이미지를 제고하는 데 초점을 둔다. 실제로 미국 경제지 〈포춘〉이 선정한 100대 기업 중 73개 사가 링크드인의 채용 솔루션을 사용하고 있을 만큼 그 영향력은 매우 크다. 이 모델은 단순한 수익 창출을 넘어 링크드인의 공신력과 브랜드 신뢰도를 강화하는 데에도 이바지한다. 신뢰성 높은 서비스 운영을 통해 기업 고객과 장기적인 관계 유지도 가능하다.

링크드인은 중소기업을 위한 주요 서비스 영역에서도 유용한 기회를 제공하고 있다. 특히 B2B(Business-to-Business) 수출 시장에서는 전 세계 바이어들이 활동하는 디지털 네트워크 플랫폼으로 기능한다. 9억 명이 넘는 글로벌 사용자를 바탕으로 미국 B2B 기업의 65% 이상이 링크드인에서 바이어 유치에 성공한 경험이 있는 것으로 알려져 있다.

링크드인은 검색, 메시지, 네트워킹, 미팅, 계약체결까지 이어지는 전 과정을 지원하며 수출 마케팅의 핵심 채널로 활용되고 있다. 또한 중소기업들이 이를 통해 새로운 해외 시장에 접근할 수 있도록 돕는 유용한 도구로도 자리 잡았다. 더불어 링크드인은 기업 전용 페이지 구축, 콘텐츠 기반의 홍보 전략, 산업군별 네트워크 추천 기능 등을 통해 신뢰할 수 있는 비즈니스 파트너 간의 연결을 지원하는 역할도 맡고 있다.

한편, 링크드인은 단순한 구인 구직 플랫폼을 넘어 맞춤형 뉴스 서비스인 링크드인 투데이(LinkedIn Today)를 통해 직무 네트워킹 이외의 정보 제공 기능도 강화했다. 이 서비스는 사용자의 개별적인 특성을 반영해 전문가들이 공유한 인기 콘텐츠를 자동으로 선별해 제공해 준다.

이제 링크드인은 수많은 직장인과 전문가들이 모이는 장소가 되었다. 사용자들은 1촌과 2촌 관계를 통해 인맥을 넓히고 관리할 수 있으며 다른 사용자로부터 전문성에 대한 피드백과 추천을 받을 수 있는 체계를 구축했다. 이러한 이유로 자발적으로 링크드인에 가입하는 사람들이 점점 늘어나는 추세다.

인문학적 상상력, 디지털 공간에서 마주하는 한 사람의 서사

'상상력은 배우면 배울수록 줄고 느끼면 느낄수록 커진다.' 호프먼은 실패를 딛고 다시 일어서며 우리에게 이 말을 그의 삶으로 보여주었다. 기술에 문외한인 사람이 어쩌면 더 혁신적인 서비스를 만들 수 있다. 우리는 리드 호프먼을 통해 인문학적 상상력의 중요성을 깨닫는다. 기술 그 자체를 뛰어넘어 인간에 대한 깊은 통찰과 서로를 연결할 수 있게 하는 힘이 그것이다. 이러한 상상력은 겉보기에 전혀 상관없는 개념들을 연결하는 사고를 가능하게 한다. 가장 창의적인 사고는 관련 없는 것을 연결하는 일에서 시작하며, 이는 뉴턴의 사과처럼 '열정 있는 사람'에게만 보이는 창조적 발견이다.

기술자가 아닌 철학자 호프먼은 링크드인의 근본적인 방향성을 설정했다. 사람에 대한 깊은 이해가 있는 디지털 플랫폼! 한 줄의 프로필에서 들리는 사람의 목소리는 SNS라는 세계에서 자신의 서사를 충분히 보여준다.

11
포스퀘어와 조직문화

_ 정명진

포스퀘어(Foursquare)를 창업한 데니스 크라울리(Dennis Crowley)는 위치기반서비스(LBS, Location-Based Service) 분야의 선구자다. 1990년대 후반 닷컴버블 붕괴 당시 20대였던 크라울리는 직장을 잃고 흩어진 친구들이 그리웠다. 이들이 어디서 무엇을 하는지 알고 싶은 마음에 2000년에 닷지볼(Dodgeball)이라는 서비스를 고안했다. 닷지볼은 휴대전화의 단문메시지서비스(SMS, Short Message Service)를 활용해 친구들과 위치를 공유하는 방식으로 이용하기 다소 불편했으나 사용자는 꾸준히 늘었다. 2005년 구글에 인수된 뒤 닷지볼 서비스 개발이 지지부진해졌다. 크라울리는 2007년 4월 구글에서 나와 자신의 관심사인 위치기반서비스에 더욱 집중해 2009년 3월 포스퀘어를 출시했다. 닷지볼이 피구였다면 포스퀘어는 테니스와 유사한 게임 방식을 빌렸다.

성공에는 적절한 때와 운이 따라야 한다. 포스퀘어가 출시되던 시기, 스마트폰이 폭발적으로 성장하기 시작했고, GPS 기술이 발달하면서 위치기반서비스의 성공을 위한 천혜의 조건을 갖추었다. 세상이 '모든 달걀을 한 바구니에 담지 마라'고 충고할 때 크라울리는 한 우물을 팠다. 이런 사람을 영미권에서 'stay foolish'라고 하지만, 바보같이 한 서비스에만 천착한 크라울리는 스마트폰 시대에 한 획을 긋게 된다. 포스퀘어는 다분히 개인적인 일상의 움직임을 공유하게 하면서 독특한 관계를 형성하는 SNS다. GPS의 발달이 큰 도움이 되었지만 재미있는 게임 방식으로 사람들의 자발적 행동을 유도한 게 성공의 핵심이었다. 비즈니스에 재미를 더하는 유연한 사고는 놀이터 같은 조직문화가 있었기에 가능했다.

관계를 바꾸는 '조직문화'의 혁신

새로운 시대에는 그에 적합한 조직문화의 혁신이 뒷받침되어야 한다. 예전의 사고방식에 젖어 있는 조직문화는 새로운 시대에 뒤처질 수밖에 없다. 수직적 위계 구조를 모듈 단위의 팀제로 바꾸고, 업무를 나누는 칸막이를 걷어내 내·외부 거버넌스가 가능케 하는 코디네이터 역할이 중요하다. 조직을 이끄는 리더십보다 조직 구성원의 관계를 촘촘하게 연결하는 파트너십이 더욱 중요하다. 능동적인 조직문화를 구축하면 구성원들은 주어진 일만 처리하는 게 아니라 자기 주도적인 기획자 마인드로 일하게 된다.

포스퀘어의 성공은 독특한 조직문화 덕분이었다. 20:80 규칙으로 자유로움의 대명사라 불리는 구글의 조직 운영 방식 못지않게 포스퀘어는 조직문화에 혁신의 바람을 일으켰다. 특히 창업자 데니스 크라울리의 히피적 성향이 조직에 스며들었다. 포스퀘어의 근무 환경은 독특하다. 개발자들과 소통하면서 사무실이라는 딱딱한 공간을 재밌는 공간으로 바꾸었다. '마음이 즐거운 직원들이 해내는 성과는 우리가 상상하는 그 이상'이라는 건 포스퀘어의 철학이다. '행복을 배달한다(Delivering Happiness)'는 정신으로 유명해진 온라인 신발 쇼핑몰 회사, 자포스(Zappos.com)의 조직문화와 같은 맥락이다. 단순히 제품만 판매하는 게 아니라 행복과 즐거움이라는 문화적 힘으로 고객을 모은다. 이후 제품과 서비스를 생산하고 제공하는 직원들의 조직문화 자체가 비즈니스의 핵심으로 떠올랐다.

조직문화 혁신의 바람은 IT 기업이 밀집한 실리콘밸리로부터 시작됐다. 실리콘밸리의 가장 큰 자산은 '커뮤니케이션'이라고 강조한 메드베데프 러시아 전 대통령은 2010년 6월 실리콘밸리를 방문해 "사람들은 잡담하지 않고 일에 관해 토론한다"며 "러시아에서도 이런 풍토가 조성되면 좋겠지만 이건 명령으로 될 일이 아니다"라고 말하기도 했다.

초기 실리콘밸리의 창업자들은 돈보다는 실험정신과 창의성에 더 집중했다. 많은 창업자가 버닝맨(Burning Man)을 자처했다. 사막 한가운데에서 사람 모양의 나무 인형을 불태우는 의식에서 비롯된 버닝맨은 실험적인 생존 경험을 선사한다. 1986년 미국의 예술가 래리 하비(Larry Harvey)가 처음으로 친구들과 함께 시작한 버닝맨 페스티벌은 40

년 가까이 미국 네바다주 블랙록 사막에서 개최되고 있다. 실리콘밸리 창업자들은 여전히 버닝맨에 열광하고 있다.

재미를 더하는 포스퀘어 주요 기능

① 체크인 : 내가 현재 어떤 장소에 있는지 알린다. 위치를 자동으로 공유하는 게 아니라 자기 의지로 실행하는 게 포스퀘어 고유의 경쟁력이다.
② 메이어(Mayor) : 특정 장소(POI)에 계속 체크인하면 부여되는 타이틀이다. 단순히 체크인만 하는 게 아니라 POI를 하나씩 수중에 넣는 재미를 부여한다. 21세기형 땅따먹기라고 할 수 있다. 사용자 간 선의의 경쟁을 유발하고 자극하는 게임 요소다.
③ 배지 : 메이어 지위를 획득하거나 체크인 횟수가 많은 이용자에게 배지를 부여한다. 이른 아침 체크인을 하면 얼리버드 배지를, 애플스토어 3곳 이상 방문하면 잡스 배지를 준다. 2010년 지구에서 220마일 떨어진 상공에서 나사 소속의 우주인이 포스퀘어를 통해 체크인을 하는 등 중독성도 있다.
④ 리더보드 : 서로 높은 순위를 차지하고자 하는 인간의 본능을 자극해 경쟁을 유도한다.
⑤ To Do List : POI에서 무엇을 하거나 무엇을 먹으면 좋은지 기록해 놓은 리스트로 다른 사람과 공유하면 유용한 팁으로 작용한다.
⑥ 리워드 시스템 : 예를 들어 스타벅스 매장 5곳 이상에서 체크인하면 바리스타 배지를 받는다. 고객은 땅따먹기하듯 재미를 느끼며 매장에서 제공하는 혜택도 누린다. 동시에 사업자는 저렴한 비용으로 홍보 효과를 누리는 윈윈(win-win) 전략을 제공한다.

위치 기반 관계 맺기의 원조 포스퀘어

포스퀘어는 LBS의 원조다. 사용자들은 GPS가 탑재된 스마트폰에서 포스퀘어 앱을 사용해 특정 장소에 대한 정보를 공유한다. 2009년 3월 서비스 개시 이후 전 세계 100개 대도시에서 서비스되는 등 선풍적 인기를 끌었다. 초기 국내에서도 전 두산그룹 박용만 회장과 신세계 정용진 회장 등 유명인들이 사용하면서 화제가 되었다. 2012년에는 오픈API 방식으로 인스타그램, 에버노트, 우버 등 다른 서비스들이 포스퀘어 자사 API를 이용토록 하는 데 중점을 뒀다.

포스퀘어에서 위치는 단순히 위도와 경도로 표현되는 좌표가 아니다. 사람들의 관계망 속에서 새로운 가치가 부여되는 의미 있는 정보다. 과도한 투명성으로 지나친 사생활 공유라는 비판도 있었지만, 포스퀘어의 오락적 요소는 특정한 공간에서 사람들이 관계 맺는 방식을 변화시켰다. 친구 숫자별 순위나 친구가 내 위치를 조회한 횟수 등을 게임 요소로 활용했다.

2013년부터 포스퀘어는 자체 서비스의 경쟁력이 정체되면서 내림세에 접어들었다. 하지만 2014년 마이크로소프트로부터 150억 원을 투자받으면서 반전을 도모했다. 기존 포스퀘어에서 일부 기능을 분리해 '스웜(Swarm)'이라는 앱을 신설한 것이다. 스웜은 미국 여행 필수 앱으로 꼽히는 옐프(Yelp)와 유사한 맛집 추천 위치 기반 SNS(LBSNS, Location-Based SNS)로 기존 포스퀘어 고유의 체크인과 소통 기능을 특화했다. 포스퀘어가 개방적인 서비스라면, 스웜은 친구나 지인 위주의 서비스에 해당한다. 그 결과, 포스퀘어는 충성도 높은 사용자에게 버림받는 계기로 작용했다는 평가가 지배적이다.

로컬을 연결하는 LBS는 진화 중

포스퀘어는 2020년 4월 동종 업체인 팩추얼(Factual)과 합병해 데이터 기반 사업에 무게 중심을 두었다. 삼성, 애플, 트위터 등에 위치 데이터와 하이퍼 트렌딩 등을 오픈API 방식으로 제공했다. 포스퀘어 앱은 2024년 12월 15일 운영이 종료됐으며 스웜으로 통합됐다.

포스퀘어가 하향세에 접어들 무렵, 국내 위치 기반 서비스도 일단락되는 분위기였다. 비슷한 시기인 2012년 5월 다음 플레이스가 다음 지도로 이관되고, KTH가 개발한 '아임IN'이 2013년 4월에 운영을 종료했다. 그럼에도 위치 기반 서비스는 두 갈래 방향으로 진화했다. 카카오플레이스는 카카오톡과 카카오스토리를 연동해 지인이 추천한 맛집과 여행지에 대한 정보를 공유하면서 LBSNS(Location-Based SNS) 형태로 진화했다. 이 서비스는 2013년 출시 뒤 반짝인기에 그쳤으나 포기하지 않고 2016년 3월 카카오택시와 지도 등으로 연동될 여지가 많다는 판단 아래 전면 개편했다. 2019년 5월에는 카카오맵에 통합되면서 LBS의 맥을 이어갔다. 두 번째 진화 방향은 In-LBS(In-Location-Based Service)다. 대형마트나 터미널에서 원하는 제품이나 위치를 쉽게 찾을 수 있도록 돕고, 상품 프로모션과 병행하면서 증강현실까지 활용했다.

해외에서는 포스퀘어나 스웜과 유사한 서비스인 젠리(Zenly)가 부상하며 Z세대의 '인싸앱'으로 불렸다. 이 앱은 2015년 프랑스 개발자에 의해 출시되고, 2017년 스냅챗에 인수되면서 화제가 됐다. 앱을 열면 친구의 행방을 지도에서 실시간으로 확인할 수 있으며, 해당 장소에 머문 시간이나 이동 속도까지 보여준다. 친구의 프로필을 누르면 내 위치에서 친구가 있는 장소까지의 거리와 소요 시간도 확인할 수 있다. 국내에서도 2019년 기준으로 가입자 100만 명이 넘을 정도로 인기를 끌었다. 젠리는 한때 누적 다운로드 수 1억 6천만 건을 기록했지만 결국 서비스를 종료하면서 기존 위치 공유 앱인 '아이쉐어링(iSharing)'이 반사 이익을 얻었다. LBS 중에는 피하고 싶은 사람을 막아주는 안티 소셜네트워크인 클로크(Cloak) 앱도 있다. 포스퀘어는 자사의 웹사이트에 이렇게 적고 있다.

> "우리는 위치의 힘을 믿습니다. 사람들이 현실 세계에서 찾는 장소와 그곳에서의 경험은, 그들이 누구인지, 무엇을 중요하게 생각하는지를 강력하게 반영합니다."

04

세상을 바꾸다

12
스마트폰 등장의 의미

_오현민

지금 우리가 일상처럼 사용하는 스마트폰은 등장한 지 20년 만에 세상을 완전히 바꿔 놓았다. 통화와 문자 정도만 가능했던 '휴대폰'이 이제 사진을 찍고, 음악을 듣고, 영화를 감상하며, 언어를 번역하고 일정을 관리하는 '주머니 속의 비서'로 진화했다. 스마트폰은 인간의 눈과 두뇌, 그리고 관계 맺는 방식까지 확장했다. 이 기술 혁명의 시작은 2007년 1월 9일 스티브 잡스가 아이폰을 처음 공개한 순간으로 거슬러 올라간다.

아이폰과 스마트폰 시대의 개막

잡스는 그날 무대 위에서 이렇게 선언했다. "오늘 우리는 세 가지 혁신적인 제품을 발표합니다. 와이드 스크린(wide screen) 아이팟(iPod), 혁명적인 모바일폰, 그리고 획기적인 인터넷 커뮤니케이터." 이 세 가지는 사실 하나의 제품, 즉 '아이폰(iPhone)'을 지칭한 것이었다. 잡스는 단순히 새 휴대폰을 선보인 게 아니라 전화기를 재발명했다는 선언과 함께 전혀 다른 차원의 기기를 소개한 것이다. 이 발표는 IT 역사상 가장 획기적인 국면 중 하나로 손꼽힌다.

미국에서는 2007년 6월부터 아이폰이 판매되었지만, 우리나라에서는 약 3년 가까이 늦은 2009년 11월 28일에야 시판됐다. 아이폰의 국내 출시가 늦어진 이유는 크게 가지다. 첫째, 아이폰이 사용하는 SIM(Subscriber Identity Module) 카드는 GSM(Global System for Mobile communications) 방식이었기 때문에 이를 사용하지 않던 국내 CDMA(Code-Division Multiple Access) 통신망과 호환되지 않았다. 둘째, 삼성전자의 주력 시장이었던 우리나라에서 아이폰 출시를 반대하는 분위기가 있었고, 이동통신사들도 이를 꺼렸다. 셋째, 국내 이동통신 규제와 전파 인증 절차도 아이폰 출시를 늦추는 요인으로 작용했다. 그러나 결국 KT가 아이폰의 국내 판매를 시작하면서 우리도 본격적인 스마트폰 시대로 접어들었다.

스마트폰이 우리에게 유용한 기술적 변화로 다가올 수 있었던 가장 큰 이유는 인간의 삶을 다방면으로 돕기 때문이다. 이 중 어플리케이션과 SNS의 등장이 큰 몫을 차지했다. 현재 거의 모든 국민이 사용한다고 해도 과언이 아닌 카카오톡이 그렇다. 2010년 출시된 카카오톡은 모바일 메신저의 상징으로 자리 잡았고, 2011년에는 대한민국 인터넷 대상 대통령상을 받기도 했다. 특히 2013년 6월부터 시작된 PC 버전 카카오톡은 모바일과 데스크톱을 잇는 커뮤니케이션 혁신이었다.

스마트폰의 의미: 비서에서 신체의 한 부분으로

스마트폰이 단순한 전화기로 활용되던 시대는 지났다. 인간의 감각과 인지 능력을 확장하는 '보조 장치'에서 거의 신체의 일부처럼 기능하는 존재로 진화하고 있다. 우리는 스마트폰을 통해 사진을 찍고, 길을 찾고, 일정을 관리하며, 알람 소리에 맞춰 하루를 시작한다. 고화소 카메라는 우리의 눈을 대신하고, 메모 앱은 기억을, 일정 앱은 스케줄을, 번역 앱은 외국어 소통을 돕는다. 우리의 고유 능력이 스마트폰에 의해 대체되는 와중이다. SNS는 단지 소통의 도구를 넘어서 관계망의 확장 그 자체이며, 정체성의 일부가 되었다.

스마트폰은 어느새 '주머니 속의 비서' 이상인 '디지털 대리인'으로 자리 잡았다. 단순히 정보를 저장하고 전달하는 수준을 넘어 우리 대신 판단하고 결정하는 역할까지 수행한다. 예를 들어, 어떤 식당에 갈지, 어떤 길을 경유할지, 혹은 어떤 사람과 연결될지를 우리는 더 이상 스스로 결정하지 않는다. 검색 결과 · 별점 · 추천 알고리즘이 그 판단을 대신 해주기 때문이다. 이렇게 우리가 해야 할 '기억', '계산', '판단'의 기능이 점차 스마트폰에 위임되고 결과적으로 인간은 점점 더 기술에 의존하는 존재가 되었다.

과학계에서도 이러한 흐름이 이미 현실로 다가왔다고 말한다. 2011년 〈네이처(Nature)〉에는 인간의 '의도'를 읽는 장치, 2013년 〈사이언스(Science)〉에는 '꿈의 내용을 해석하는 기술'이 발표되며, 기계가 마음의 일부 기능을 해석하고 활용할 가능성이 제기되기도 했다. 가까운 미래에는 생각을 직접 주고받는 '텔레파시형 커뮤니케이션'이 현실화할 수 있다는 전망도 있다. 이러한 기술은 단순히 흥미로운 과학적 시도가 아니라 인간의 인지 능력을 어디까지 외부화할 수 있는지를 묻는 과정이다.

모든 변화는 결국 '개인의 능력 강화'라는 커다란 흐름을 보여준다. PC와 인터넷, 그리고 웹은 정보 접근성과 생산, 공유의 권한을 소수에서 대중으로 확산시켰고, 스마트폰은 그 흐름을 일상 깊숙이 들여놨다. 이제 우리는 언제 어디서나 정보를 수집하고, 표현하며 연결할 수 있는 도구를 손안에 들고 다닌다. 이는 정보 소비자에서 정보 생산자로, 나아가 행동하는 주체로의 전환을 의미한다.

산업 지형의 변화: 통신사에서 제조사로

스마트폰은 산업의 권력 구조도 흔들었다. 스마트폰 등장 이전까지 통신사는 '갑'이었다. 휴대폰은 통신사의 승인 없이는 존재할 수 없었기 때문이다. 그러나 아이폰 프로젝트에서 애플은 싱귤러(Singular)와 협력하며 하드웨어와 소프트웨어 개발 전권을 요구했다. 그 결과, 싱

퀄러는 거의 애플의 자회사처럼 움직였고, 통신사가 아닌 제조사 중심의 구조가 생겨났다. 기업 간의 관계를 재편하면서 모든 관행을 무너뜨린 '작은 혁명'이었다.

애플, 구글, 마이크로소프트처럼 독자적인 영역을 유지하던 글로벌 IT 기업들은 스마트폰의 등장을 기점으로 복잡하게 얽히고설킨 경쟁의 장으로 들어섰다. 이들 사이의 관계는 기술 융합의 흐름에 따라 협력에서 경쟁으로, 때로는 다시 협력으로 변주되며 오늘날의 IT 생태계를 만들었다.

2007년 애플이 아이폰을 처음 공개했을 당시, 구글은 애플의 중요한 파트너였다. 유튜브와 구글 지도는 초기 아이폰에 기본 앱으로 탑재되었고, 구글의 CEO였던 에릭 슈미트는 애플 이사회 회원으로 활동했다. 애플이 소프트웨어와 검색이라는 분야에서 구글과 손잡으며, 구글은 애플의 하드웨어에 자신들의 콘텐츠와 서비스를 자연스럽게 얹었다. 당시만 해도 양사는 각자의 강점을 바탕으로 협력하는 '윈윈' 관계처럼 보였다. 하지만 협력은 오래가지 못했다. 구글이 아직 주목받지 못하던 스마트폰 운영체제 개발 스타트업 '안드로이드'를 인수했기 때문이다.

아이폰이 세상에 등장한 몇 달 뒤인 2007년 11월, 구글은 삼성 등 30여 개 기업에 안드로이드를 오픈소스로 제공했다. 이는 애플의 독점적 생태계에 강력한 도전장이 되었고, 스티브 잡스는 깊은 배신감을 토로했다. 결국 아이폰4부터 기본 검색 엔진을 구글에서 마이크로소프트의 빙(Bing)으로 교체하며 노골적인 결별을 선언했다. 이 갈등은 스마트폰이라는 '플랫폼'을 중심으로 한 기술 기업 간의 권력 재편 신호탄이었다. 애플은 폐쇄적인 자체 생태계를 강화하는 방향으로 나아갔고, 구글은 다양한 제조사와 연합해 안드로이드 기반의 개방형 생태계를 구축했다. 이 대결 구도는 마치 과거 애플과 마이크로소프트가 데스크톱 운영체제를 놓고 벌였던 전쟁을 떠올리게 한다.

애플과 구글은 갈등 속에서도 필요에 따라 협력을 이어가고 있다. 현재 아이폰의 기본 검색 엔진이 여전히 구글이라는 사실은 애플과 구글 사이의 복잡한 이해관계를 보여주는 대표적인 사례다. 애플은 매년 구글로부터 막대한 금액을 받으며, 아이폰 사파리(Safari) 브라우저의 기본 검색 엔진을 구글로 설정하고 있다. 이 금액은 수십억 달러에 달했고, 애플의 서비스 수익 가운데 상당 부분을 차지한다. 그러나 애플은 구글에 대한 지나친 의존을 줄이기 위해 자체 검색 기술 개발에 힘쓰면서 일부 인재 영입과 특허 등록 등의 움직임을 보이기도 했다. 사용자들이 사파리 브라우저에서 덕덕고(DuckDuckGo), 빙(Bing), 에코지아(Ecosia) 같은 대체 검색 엔진을 선택할 수 있도록 허용한 점도 구글과의 관계에 전적으로 의존하지 않겠다는 선언이었다.

두 기업의 관계는 경쟁과 협력을 동시에 추구하는 전략, 즉 '코피티션(co-opetition)'이라는 개념으로 설명할 수 있다. 스마트폰 운영체제와 생태계 측면에서는 강력한 경쟁자지만 검색과 광고 수익 분야에서는 서로 이익을 공유하는 협력자이기도 하다. 기술 기업 간 관계가 때로는 상반된 이해관계 속에서도 실리를 좇아 공존하는 양상을 띤다는 점에서, 애플과 구글은 오늘날 디지털 산업의 복합적인 생태계를 잘 보여준다.

2025년 5월 이 두 기업의 관계에 파열음이 발생하면서 서로 멀어질 준비를 하는 모양새다. 구글을 기본 검색 엔진으로 활용하던 애플 사파리 브라우저의 검색 트래픽이 처음으로 감소했기 때문이다. 이용자들이 인공지능 기반 검색을 선호하고 있다는 분석이 뒤따르고 있다. 양사 간 중대한 변화가 감지되는 가운데 파급력 또한 막대할 것으로 전망된다. 먼저 구글은 수익적인 면에서 큰 타격을 입는다. 아이폰에서 기본 검색엔진 지위를 잃으면 핵심 수입원인 모바일 검색 광고 매출이 급감하기 때문이다. 구글은 자체 인공지능 검색 기능 개발에 속도를 내면서 챗GPT와 유사한 생성형 검색 경험을 강화하고 있다.

과거에 애플은 하드웨어, 마이크로소프트는 소프트웨어, 구글은 검색과 광고라는 각자의 전문 영역이 비교적 명확했다. 하지만 스마트폰이라는 통합 디바이스는 그 경계를 허물어버렸다. 하드웨어, 소프트웨어, 콘텐츠, 서비스가 모두 손안의 스마트폰에서 만나게 된 것이다. 기업들은 각자의 생존과 성장 전략을 위해 다른 영역에 손을 뻗기 시작했고, 협력이 곧 경쟁이 되는 시대가 도래했다. 스마트폰은 결국 단순한 전화기의 진화가 아닌 기술의 융합과 협력이 만들어 낸 '생활의 플랫폼'이자 기업 간 권력관계를 흔드는 게임체인저였다. 우리는 그 플랫폼 안에서 편리함을 누리는 소비자이자 그 생태계의 일부가 되어가고 있다. 기술의 변화가 기업만을 위한 게 아니기에, 어떤 방향으로 나아가야 할지 고민하는 일은 이 시대를 살아가는 우리 모두의 숙제다.

조립식 스마트폰, 새로운 가능성

스마트폰은 오랫동안 완성된 제품을 그대로 사용하는 방식이 일반적이었다. 사용자는 제조사가 미리 정한 사양과 기능을 그대로 받아들이는 구조 속에서 선택의 폭이 제한적이었다. 이러한 상황에서 구글이 추진했던 '아라(Ara)' 프로젝트는 새로운 가능성을 제시한 실험으로 주목받을 만했다. 아라 프로젝트는 스마트폰을 모듈 방식으로 구성하는 게 핵심이다. 하나의 기기에 필요한 핵심 부품인 카메라, 배터리, 디스플레이, 스피커 등을 각각 따로 선택하고 조립할 수 있도록 설계한 것이다. 이 방식은 마치 레고 블록처럼 사용자가 원하는 기능만 골라 스마트폰을 구성할 수 있게 한다. 사진 촬영을 즐기는 사용자는 고성능 카메라 모듈을, 동영상을 자주 보는 이용자는 고화질 디스플레이 모듈을 선택하는 식이다. 특정 기능이 불필요한 사람은 해당 모듈을 제외하거나 성능을 낮추어 비용을 절감할 수도 있다.

이러한 방식은 조립식 컴퓨터와 유사하다. 조립식 컴퓨터는 사용자가 CPU, 메모리, 그래픽카드 등 각 부품을 직접 선택해 조립할 수 있으며, 용도에 따라 성능을 맞출 수 있다는 점에서 유연성과 경제성이 크다. 특히 시간이 지나면 필요한 부품만 교체하거나 업그레이드할 수 있어 유지와 관리 면에서도 유리하다. 아라 프로젝트 역시 스마트폰 사용자에게 비슷한 수준의 개인화와 확장성을 제공하려는 시도였다. 하지만 아라 프로젝트는 기술적 · 상업적 한계에 부딪히며 2016년 공식 종료되었다. 모듈 간 연결의 안정성과 기기 전체의 내구성 확보가 쉽지 않았고, 사용자들이 완제품 스마트폰에 익숙해져 있었던 점도 시장 확산을 어렵게 했다. 게다가 고성능을 원하는 사용자일수록 오히려 부품의 조합보다 일체형 고성능 기기를 선호하는 경향이 강했다.

아라 프로젝트가 던진 문제의식은 여전히 의미 있다. 사용자가 제품을 능동적으로 구성하고, 필요한 부품만 선택해 합리적인 가격에 접근할 수 있게 하며, 고장 난 부품만 교체함으로써 지속 가능성과 친환경성을 높일 수 있다는 점에서다. 이는 단순한 제품 개발을 넘어서, 향후 기술 소비 방식과 산업 시스템 전환 등의 가능성을 보여준 사례로 평가할 수 있다.

기술과 인문학의 교차로

스티브 잡스는 2010년 아이패드를 출시하며 "애플은 기술과 인문학의 교차로에 있다"고 선언했다. 기술의 혁신이 사람들의 삶에 진짜 영향을 미치기 위해서 인문학적 상상력, 공감력, 철학적 질문이 함께해야 한다는 인식이다. 이런 맥락에서 삼성과 애플에 대한 이용자 반응은 극명하게 갈렸다. 예컨대, 2010년 아이폰4와 갤럭시S가 나란히 출시되었을 당시 사람들은 "애플은 꿈을 좇고, 삼성은 애플을 좇는다." "삼성은 권력을, 애플은 사람을 본다." "삼성은 선보일 기능을 넣고, 애플은 쓸 기능을 넣는다"라고 냉철하게 평가했다. 제품 발표회에서도 잡스는 화상통화를 시연하며 "어릴 적 〈스타트렉〉을 보며 화상대화를 꿈꿨다"고 말하기도 했다. 반면 삼성은 고화소, 속도 등 기술 스펙을 중심으로 설명했다. 애플의 모토는 '다르게 생각하라(Think Different)', 삼성은 '초일류 기업 삼성'. 이 차이가 브랜드의 성격과 소비자와의 관계에 영향을 미쳤다.

이제 우리는 스마트폰 없는 삶을 상상하기 어렵다. 다만, 기술의 흐름 속에서 우리가 무엇을 얻고, 무엇을 잃는지를 스스로 묻고 성찰할 필요가 있다. 역설적으로 스마트폰은 분명 인간을 더 유능하게 만듦과 동시에 우리 자신을 기술에 위탁하는 삶으로 변질시켰다. 스마트폰 혁명은 단순한 기술 변화가 아니라, 인간 존재 방식 자체의 변화를 촉진하는 매개체가 된 셈이다.

왜 클라우드 서비스인가?

스마트폰이 대중화하면서 클라우드 서비스도 함께 성장했다. 클라우드(cloud) 서비스란 인터넷 사용자가 점유한 물리적 공간 너머 저쪽 편에 있는 거대한 컴퓨터 시스템 안에 자료를 모아 두는 걸 말한다. 구름, 즉 클라우드처럼 내부가 보이지 않는 컴퓨팅 네트워크를 경유해 서버의 시스템 속에 개인들의 자료를 보관해 두었다가 언제 어디서든지 꺼내 사용하는 원리다. 사용자는 컴퓨터나 모바일에서 자료를 생성하고 클라우드 서버에 저장했다가 또 다른 장소의 다른 기기에서 파일을 열어 필요한 작업을 할 수 있다. 클라우드 서비스와 웹하드는 인터넷을 거쳐 내 기기가 아닌 다른 곳에 파일을 저장한다는 점에서 유사하다. 그러나 웹하드는 인터넷에서 파일을 공유하거나 다운로드 하기 위한 저장소이며, 컴퓨터를 통해서만 사용이 가능하다. 반면 클라우드는 스마트폰이나 컴퓨터 등 다양한 개인화 기기와 연결된 개인 저장 공간으로 언제 어디서든 접근과 사용이 가능하다. 1960년대에 클라우드 컴퓨팅이라는 개념으로 대두했고, 1995년에는 네트워크 컴퓨팅(NC) 방식이 시도되었으나 실패했다. 이후 2000년대 초반을 지나 비로소 본격적으로 클라우드 서비스가 상용화했다. 아마존이 아마존 웹 서비스(Amazon Web Services)를 통해 클라우드 컴퓨팅 시장을 시작했다. 이어 마이크로소프트는 애저(Azure)를 출시하며 빠르게 성장했다. 구글도 구글 클라우드 플랫폼(Google Cloud Platform) 대열에 합류했다. 2024년 1분기 기준으로 아마존 웹 서비스는 약 31%의 점유율로 시장에서 선두를 달리고 있으며, 애저는 25%로 그 뒤를 잇고 있다. 이 두 플랫폼은 전체 클라우드 시장에서 절반 이상을 차지하고 있다. 우리나라도 아마존 웹 서비스와 마이크로소프트 애저의 양강 구도다. 아마존 웹 서비스는 과거 네트워크 컴퓨터의 아이디어를 실제 서비스로 구현해 성공을 거둔 최초 사례로 다양한 인프라를 비롯해 플랫폼, 소프트웨어 서비스 등을 제공한다. 애저는 윈도우 환경과 연동하는 데 강점이 있다. 구글은 2008년 자체 데이터센터에서 웹 애플리케이션을 개발하고 호스팅할 수 있도록 제공한 최초의 클라우드 컴퓨팅 서비스를 시작했다. 구글 클라우드 플랫폼은 빅데이터와 머신러닝 분야에서 뛰어나다는 평가다. 구글은 전 세계에 걸쳐 수십 곳에 리전을 보유하고 있다. 리전은 단순한 데이터센터가 아니라 집적한 데이터를 전방위적으로 분석하고 활용하는 허브 장치에 해당한다. 우리나라 클라우드 서비스인 네이버 클라우드 플랫폼은 국내 환경에 최적화된 서비스를 제공한다. 클라우드 서비스의 초기 대상은 한정된 기업이나 스타트업이었으나 지금은 대기업, 정부 기관, 교육기관 등 거의 모든 산업과 일반 사용자로 대상을 확대했다. 나아가 인공지능 기술의 등장으로 빅데이터, IT 첨단 기술과 함께 필수적인 기반 기술로 그 중요성을 더하고 있다. 클라우드 서비스는 기업과 개인들에게 편리함과 효율성을 극대화해 주지만 보안과 안정성 문제는 해결되어야 할 과제로 남아 있다. 달걀을 한 바구니에 담는 방식이기에 단 한 번의 사고로도 수많은 기업과 개인들에게 막대한 손해를 끼칠 수 있다. 2024년 7월 발생한 마이크로소프트의 사고가 대표적인 사례다. 이는 보안 소프트웨어 팰컨 센서(Falcon Sensor)의 업데이트 과정에서 윈도즈와 충돌이 발생해, 세계적 규모의 서비스 장애가 발생한 사건이다. 클라우드 보안 사고는 서비스 관리자로 인하거나 사용자의 실수 혹은 오류, 나아가 지진, 벼락, 폭풍우 같은 천재지변에 의해서도 발생할 수 있다. 실제로 지금까지 다양한 원인으로 인해 크고 작은 사고가 발생하곤 했다. 개인정보 보호 문제는 서비스 운영 방식이나 법적인 문제에서도 기인한다. 클라우드는 개별 이용자들이 스스로 서버를 구축하고 운영할 필요 없이 이미지 저장, 트래픽 관리, 데이터 백업 등을 효율적으로 처리하게 한다. 그러나 클라우드 사용자들은 데이터가 어떤 서버에 저장되고 어떤 국가로 이동하는지에 관해 완전히 통제할 수 없다. 사용자 혹은 웹 사업자가 정보 저장의 위치를 지정할 수 있도록 하는 서비스들조차도 서비스 장애 등의 특수한 상황에서 임의로 정보를 다른 나라로 이전시킬 수 있다. 이 경우, 사이트 사용자 개인들의 사적 정보가 본인의 의사와 인지 없이 국경을 넘어가게 된다. 미국에서 정부나 수사 기관이 클라우드 사업자에게 정보를 요구할 경우, 사업자는 데이터를 제공해야 하는 반면, 유럽연합의 경우에는 사용자의 동의 없이 데이터가 다른 국가로 이동하면 법에 따른 제재 대상이 되기도 한다. 웹 사업자들 입장에서는 고객들의 개인정보가 클라우드를 통해 유출될 수 있고, 그 책임을 클라우드 서비스사들이 지지 않을 수 있다는 말이다. 이와 같은 문제로 클라우드 서비스를 사용하는 웹 사업자들은 정보 저장 장소가 어디인지 지속적으로 인지하고 관리해야 한다. 오늘날 클라우드 서비스는 스마트폰을 중심으로 한 모바일 서비스의 성장과 함께 현대인에게 필수가 되었다. 개인이 사용하고 보유하는 기기와 데이터의 규모는 갈수록 작아지고 클라우드의 공간은 갈수록 커지는 추세에 있다.

13
4차 산업혁명

_오현민

산업혁명과 함께 격변하는 인간

우리는 지금 거대한 변화의 한가운데에 서 있다. 인공지능이 사람처럼 말을 걸고, 자율주행차가 스스로 길을 찾아가며, 스마트폰 하나로 은행 업무부터 병원 예약까지 가능해진 시대다. 변화가 어느 날 갑자기 등장한 건 아니다. 우리는 오랜 시간에 걸쳐 기술을 발전시켜 왔고, 그 기술은 사회와 경제, 문화의 모습을 바꾸어 놓았다.

산업혁명은 단순히 기계가 발달한 사건이 아니라 우리의 삶 전체를 송두리째 바꾸어 놓은 혁신이었다. 산업혁명은 특정한 기술을 기반으로 등장했다. 그 기술은 생산 방식은 물론 일상생활, 정치, 교육 등 다양한 영역에 깊이 파고들었다. 현재는 인공지능 시대에 접어들면서 인간이 만든 산물에 인간이 잠식당할 수 있다는 우려까지 제기되고 있다.

산업혁명의 흐름

18세기 후반 영국에서 시작된 1차 산업혁명은 인간이 처음으로 기계를 통해 노동을 대체하기 시작한 시기였다. 증기기관의 발명은 농업에서 산업 중심 사회로의 전환을 이끌었다. 그 결과 공장이 도시 곳곳에 들어서며 도시화가 급속도로 진행되었다. 이전까지 손으로 하던 방직 작업은 증기기관을 활용한 기계로 대체되었고, 증기기관차와 증기선은 운송의 개념을 완전히 뒤집어버렸다. 당시 노동자 계층이 등장하면서 시간 단위의 임금 노동 체제가 확산해 물건은 대량으로 생산·소비되기 시작했다. 이 시기는 자본주의의 토대가 본격적으로 구축되었다고 평가된다.

19세기 말부터 20세기 초까지 이어진 2차 산업혁명은 전기와 석유, 철강을 중심으로 한 기술적 도약의 시대였다. 이 시기에 가장 눈에 띄는 변화는 에너지의 중심이 석탄에서 전기로 바뀌었다는 점이다. 전기의 등장으로 사람들은 밤에도 공장에서 일할 수 있게 되었다. 그 결과 생산 효율성은 커졌다. 동시에 조립공정이 도입되어 공장의 대량 생산 체계가 정교해지고 기업들은 표준화된 상품을 빠르게 생산하며 소비자 시장을 확대했다. 전화기와 전신은 소통 방식의 혁신을 통해 도시 간의 물리적 거리도 가깝게 만들었다. 산업은 단순히 생산만을 위한 게 아니라 기술을 통한 효율성과 조직화를 가능하게 했다.

20세기 후반, 세 번째 산업혁명이라 불리는 디지털 혁명이 시작되었다. 이 시기는 컴퓨터와 인터넷이라는 두 축을 중심으로, 정보사회로의 전환이 이루어졌다. 아날로그 방식의 저장과 처리가 한계에 달했으나 디지털 기술은 정보를 빠르고 정확하게 다룰 수 있는 새 가능성을 열었다. 컴퓨터는 기업뿐 아니라 가정에도 보급되었고 개인용 컴퓨터는 정보 접근성을 획기적으로 넓혔다. 인터넷 등장으로 정보는 국경을 넘어 실시간으로 공유되기 시작했고, 새로운 방식의 소통과 소비가 가능해졌다. 3차 산업혁명은 물리적 노동보다 정신적 노동, 즉 정보의 수집과 활용이 중심이 되는 시대를 열었다.

4차 산업혁명 속 세계는

4차 산업혁명이 국제사회에서 본격적인 의제로 떠오른 계기는 2016년 다보스포럼(World Economic Forum, 세계경제포럼)에서부터였다. 이 해부터 다보스포럼은 매년 4차 산업혁명을 매개 삼아 글로벌 리더들 간 논의를 이어오고 있다. 2016년 포럼의 주제는 '4차 산업혁명 이해(Mastering the Fourth Industrial Revolution)'로, 새로운 기술을 단지 받아들이는 게 아니라 적극적으로 이해하고 방향을 설정해 가야 한다는 문제의식을 담았다. 2017년에는 '책임 있는 리더십(Responsive and Responsible Leadership)'이란 주제를 통해 기술 발전이 사회에 미치는 영향에 대해 지도자들이 윤리적 책임감을 느끼고 대응할 것을 강조했다. 2018년에는 '분열된 세계 속 공유 미래(Creating a Shared Future in a Fractured World)' 라는 주제로, 국제사회가 기술을 활용해 사회적 갈등과 분열을 치유하고 더 나은 미래를 함께 설계해야 한다는 필요성을 부각했다.

2024년에는 '신뢰의 재건(Rebuilding Trust)'을 주제로 삼았다. 팬데믹, 지정학적 충돌, 기술 발전으로 인한 불안정성 속에서 정치, 경제, 미디어 전반에 걸쳐 무너진 신뢰를 회복하는 걸 주요 과제로 삼았다. '지능형 시대에서의 협력'을 주제로 개최된 2025년 포럼에서는 세계 경제 성장 둔화, 기술 발전과 디지털 포용, 기후 변화 대응, 국제적 신뢰 회복 등을 논의했다. 이처럼 다보스포럼의 연례 의제들은 4차 산업혁명이 단순한 기술 변화가 아니라 정치・경제・사회의 구조적 전환과 밀접하게 연결되어 있음을 잘 보여준다.

현재 인공지능 로봇은 4차 산업혁명의 핵심으로 주목받으며 세계적인 전시회 등에서 다양한 기술력을 선보이고 있다. IT, 자동차, 2차 전지 등 세계로 뻗어나가던 수출 주력 산업이 주춤하는 와중에 우리나라에서 핵심 동력으로 급부상하는 산업은 바로 인공지능 로봇이다. 〈모건스탠리 보고서〉는 인공지능 기반 로봇 솔루션 시장이 2030년 6조 원에서 2040년 338조 원으로 급성장하리라 전망했다. 현재 우리의 수출 주력으로 꼽히는 자동차, 조선, 건설 등의 산업에도 인공지능 로봇의 활용을 모색하고 있어 산업의 생태계 전반의 변화가 예견된다. 우리는 인공지능 로봇에 굴종하며 잠식당하기 전에 '인간다움'의 본질을 다시금 되뇌며 변화에 능동적으로 대응해야 한다.

초연결 시대에 우리는?

단일 기술이 핵심이었던 이전의 산업혁명들과 달리 4차 산업혁명은 여러 기술이 동시에 발전하고 서로 융합하며 탄생한다. 4차 산업혁명의 핵심은 초연결성(hyper-connectivity)과 초지능성(super-intelligence) 두 가지 개념으로 집약된다. 초연결성이란 인간, 사물, 시스템이 실시간으로 네트워크를 통해 연결되는 상태를 일컫는다. 이는 단순히 사람과 사람 간의 연결을 넘어서, 사물과 사물 사이, 인간과 기계 간에도 실시간 상호작용이 이루어지는 걸 의미한다. 사물인터넷(IoT)을 활용한 스마트홈에서는 냉장고가 우유의 유통기한을 파악해 자동으로 주문을 넣고, 조명과 보일러가 사용자의 위치나 생활방식에 맞춰 작동한다. 도시 단위로 보면, 스마트시티는 차량 흐름, 에너지 사용, 쓰레기 수거 등을 자동으로 조절하며 효율적인 도시 운영을 가능하게 한다.

초지능성은 인공지능을 중심으로 이루어지는 변화다. 기계는 이제 단순한 명령 수행을 넘어 스스로 학습하고 판단하며, 인간처럼 사고하는 단계로 나아가고 있다. 챗봇은 사람과 자연스럽게 대화를 나누고, 자율주행차는 복잡한 도로 상황을 분석해 주행 경로를 스스로 결정한다. 이러한 인공지능 기술의 발전은 빅데이터와 클라우드 컴퓨팅, 알고리즘 최적화와 같은 기반 기술이 뒷받침되었기에 가능했다. 기계가 지능을 가지게 되면서, 인간과 기술의 경계는 점점 더 희미해지고 있다. 4차 산업혁명은 기술적 측면에서만 중요한 게 아니다. 그로 인해 파생되는 사회적 · 경제적 · 문화적 분야에는 더욱 깊은 영향을 미치고 있다. 노동의 영역에서는 기존의 반복적이고 정형화된 업무가 점차 자동화되어 줄어들고, 창의력과 문제 해결 능력을 요구하는 새로운 직무가 등장하기도 한다. 이에 따라 교육의 방향도 변하고 있다. 더 이상 정답을 암기하는 교육이 아니라, 문제를 탐색하고 다양한 관점에서 해석하며 협업하는 능력을 기르는 교육이 중요해지는 것이다.

정치와 사회 영역에서도 변화는 뚜렷하다. 소셜미디어는 시민의 의견을 실시간으로 반영할 수 있는 도구가 되었지만, 동시에 허위 정보의 확산이라는 폐해를 안고 있다. 한편으로는 참여민주주의가 확대되는 계기를 제공하면서, 다른 한편으로는 여론 조작과 갈등을 부추기는 장이 되기도 한다. 경제 구조 역시 빠르게 재편 중이다. 플랫폼 기업들은 전통적인 산업의 틀을 뒤흔들고, 공유경제와 탈중앙화 기술은 새로운 소비와 생산 방식을 만들어가고 있다. 에어비앤비와 우버는 대표적인 사례로, 자신이 소유하지 않은 자산을 연결하는 플랫폼만으로도 전 세계적 시장을 형성하고 있다. 블록체인 기술과 암호화폐는 기존 금융 시스템을 넘어서는 분산 경제의 가능성을 보여준다.

4차 산업혁명 속 기술은 사회적 약자를 배제하거나 통제를 위한 수단으로 악용될 위험성이 커 윤리적 기준과 사회적 합의가 매우 중요하다. 불확실한 미래에 유연하게 적응할 수 있는 태도, 그리고 끊임없이 배우는 자세 역시 요구된다. 우리는 4차 산업혁명의 흐름 속에 있으며, 이 시대를 살아가는 인간은 더 이상 기술의 수동적 소비자에 머물러서는 안 된다. 오히려 기술의 발전 방향을 고민하고, 그 윤리적 기준과 사회적 역할을 성찰하는 능동적 주체가 되어야 한다.

4차 산업혁명은 단순한 기술의 진보가 아니다. 세계경제포럼의 창립자 클라우스 슈밥(Klaus Schwab)은 저서《제4차 산업혁명(The Fourth Industrial Revolution)》에서 4차 산업혁명이 인류의 삶 전반을 다시 쓰는 근본적 전환기임을 강조했다. 초연결성과 초지능성을 특징으로 하는 이 시대는, 인간이 단순히 기술을 사용하는 존재를 넘어 기술과 함께 살아가고 방향을 제시해야 할 책임 있는 존재가 되어야 함을 요구한다. 또한 4차 산업혁명으로 인해 "우리가 생각하는 방식, 일하는 방식, 서로 관계 맺는 방식 그 자체가 변할 것"이라 전망되기도 한다. 인공지능, 사물인터넷, 빅데이터, 블록체인 같은 기술들은 서로 얽히고 겹치며 과거에 상상조차 할 수 없던 새로운 가능성과 문제를 동시에 만들어 냈다. 기술 발전 그 자체보다도, 그것을 어떻게 활용하고 통제할 것인가가 더 중요하다.

슈밥은 기술이 인간의 손에 의해 설계되었고, 인간의 목적에 따라 사용되어야 한다고 단언한다. 4차 산업혁명의 핵심이 인간 중심성에 있다고 보는 것이다. 아무리 놀라운 기술이라도 인간의 존엄성과 자유, 그리고 사회적 평등을 해치게 된다면 그것은 진정한 진보가 아니라는 목소리도 내고 있다. 기술을 삶의 도구로 삼되, 그 방향은 윤리를 비롯해 책임성, 포용성 같은 인간적 가치에 기반해야 한다는 의미다. 이를 위해 슈밥은 평생학습의 필요성을 강조한다. 기술은 끊임없이 진화하고 있으며, 한 번 습득한 지식이나 기술만으로는 빠르게 변화하는 사회를 따라가기 어렵다는 이유에서다. 유연한 사고, 융합적 시각, 협업과 소통 능력은 미래 사회의 핵심 역량이며, 기술을 인간의 가치 위에 놓지 않는 태도는 매우 중요하면서도 절실하다.

4차 산업혁명은 인간을 대체하기 위한 게 아니라 인간의 역량을 확장하고 증진하는 과정이어야 한다. 기술은 목적이 아니라 수단이다. 우리는 기술을 두려워하거나 무조건 숭배하기보다 깨어 있는 시민으로서 때로는 비판하고 통제하며, 더 나은 사회를 위한 도구로 활용해야 한다. 지금, 이 순간에도 기술은 빠르게 진화 중이다. 중요한 건 우리가 어떤 기술을 갖느냐보다 그 기술을 통해 어떤 사회를 만드는가에 달려 있다. 기술이 이끄는 미래를 비판 없이 따르기보다 미래를 함께 설계하고 조정하는 책임이 요청된다. 더 똑똑한 기술도 중요하지만, 더 깊은 인간성이야말로 4차 산업혁명 시대를 이끄는 진정한 원동력이다. 4차 산업혁명 시대를 살아가는 우리에게 슈밥은 그 질문을 던졌다. 그 답은 우리 각자의 손에 달려 있다.

14 네트워크 연결성의 힘과 민주주의

_ 김병수

신의 피조물에서 생각하는 인간으로

중세 시대의 인간은 신의 피조물로 신이 부여한 질서와 위계 속에 놓인 존재로 여겨졌다. 세계는 신의 창조물이고 인간은 그 뜻을 해석하고 복종해야 할 존재였다. 자연은 두려움과 미지의 영역이었으며, 인간은 신을 통해 사물을 보고, 신의 뜻에 따라 사고하며, 성서의 언어로 말하는 신의 대변자였다. 개인은 신화적이고 신학적인 의식 속에 갇혀 스스로가 독립적인 주체임을 인식하지 못했다.

중세 말부터 새로운 사고방식이 고개를 내밀기 시작했다. 르네상스는 인간의 감각과 이성을 재발견하게 했고, 고대 예술과 철학에 관한 관심은 인간 중심의 사유, 즉 휴머니즘으로 이어졌다. 더불어 과학혁명은 자연을 신의 신비가 아닌, 관찰과 실험을 통해 이해할 수 있는 대상으로 인식하기 시작했다. 이러한 흐름은 인간을 더 이상 신의 피조물이 아니라 스스로 사고하고 세계를 탐구하며 해석하는 능동적 존재로 자리매김하게 했다.

신 중심의 중세적 사고에서 인간 중심의 근대적 사유로의 전환은 1637년 르네 데카르트(René Descartes)의 《방법서설》을 통해 명확히 드러났으며, 이는 근대 철학의 출발을 알리는 선언이었다. 그는 "나는 의심한다. 그러므로 나는 생각한다. 고로 나는 존재한다"라고 말하며 인간이 외부의 권위가 아닌 자기 자신으로부터 사유를 시작할 수 있음을 천명했다. 이로써 이성적이고 자율적인 주체로서의 인간이 등장함과 동시에 더 이상 신의 섭리에 수동적으로 종속된 존재가 아니라 세계를 인식하고 스스로 성찰하는 능동적 존재로 자리매김했다. 이러한 전환은 인간의 위치와 역할에 대한 근본적 재정의를 가져왔고, 정치적·사회적 사유에도 깊은 변화를 초래했다. 인간은 단지 신 앞의 존재가 아니라 이성과 권리를 지닌 시민으로 새롭게 형성되었으며, 이 흐름 속에서 자유와 평등이라는 근대적 이념이 태동했다. 나아가 근대 사회를 규정하는 핵심 가치로 자리 잡다.

오늘날 우리는 모든 인간이 자유롭고 평등한 존재로 태어났다고 믿는다. 그러나 이러한 믿음이 역사 속에서 공식적으로 천명된 건 1789년 프랑스혁명 당시 선포된 프랑스 인권선언에 이르러서였다. 이 선언은 "모든 인간은 자유롭고 평등하게 태어났으며, 그렇게 살아갈 권리가 있다."고 규정함으로써 인간의 자유와 평등을 보편적 권리로 명문화했다. 하지만 법과 제도로 명문화했더라도 현실은 늘 그에 부응하지 못했다. 근대 산업화를 거치며 발전한 자본주의는 인간의 자유를 확장하는 동시에 부의 양극화와 사회적 불평등이라는 새로운 억압 구조를 만들었다. 오늘날에도 사람들은 사회적 · 경제적 제약 속에서 여전히 자유와 평등을 온전히 누리지 못한다. 인간이 신의 질서에서 벗어나 자율적인 주체로 다시 태어났지만, 그 주체성은 자본주의라는 사회적 조건과 구조 속에서 제약받고 있다.

디지털 시민혁명: 점령하라, 분노하라

자본주의 사회에서 자유는 '시장의 자유'로, 평등은 소수에게만 주어지는 '기회'로 대체되었다. 그 결과 경제적 불평등은 심화하고, 다수의 삶은 벼랑 끝으로 내몰리게 되었다. 이러한 현실에 대한 전 세계 시민들의 집단적 각성과 저항은 2011년을 기점으로 본격화했다. 같은 해 미국의 '월가를 점령하라(Occupy Wall Street, OWS)' 운동과 유럽의 '분노하라(Indignados)' 시위가 저항의 상징으로 떠올랐다.

월가를 점령하라 운동은 2011년 뉴욕의 금융 중심지인 월가 인근의 주코티 공원에서 시작했다. 이 운동은 1%의 탐욕과 기업의 탐식, 그리고 자본이 정치에 미치는 영향력에 반대하며, 극심한 경제적 불평등에 저항하는 시민들의 목소리를 모았다. "우리는 99%다(We are the 99%)"라는 구호는 그들의 분노가 특정 계층이 아닌 전 세계 시민들의 삶과 맞닿아 있음을 상징했다.

같은 해 5월 15일 스페인의 수도 마드리드에서도 수천 명의 시민들이 푸에르타 델 솔 광장에 모여들었다. "진정한 민주주의를 하자(Democracia Real Ya)"는 외침 아래 이들은 실업, 빈부 격차, 긴축 정책, 그리고 정치 부패에 항의하며 자발적인 연좌시위를 벌였다. 이 시위는 곧 '분노한 사람들(Indignados)'이란 이름으로 불리게 되었고, 푸에르타 델 솔 광장은 텐트촌으로 변해 장기적인 저항의 상징이 되었다. 이들의 분노는 스페인을 넘어 프랑스, 이탈리아 등 유럽 전역으로 확산했고, 특히 청년 실업과 경제 부패에 분노한 시민들을 광장으로 나오게끔 이끌었다.

이러한 움직임의 정신적 토대를 제공한 인물 중 하나가 프랑스 레지스탕스 출신 지식인 스테판 에셀(Stephane Hessel)이었다. 그의 소책자 《분노하라(Indignez-vous)》는 "과거 우리가 나치즘에 맞섰던 것처럼, 이제는 돈과 시장의 무례한 권력에 저항하라"고 촉구하며 시민들에게 강력한 도덕적 울림을 주었다. 그는 "민주주의의 사회적 가치, 곧 인간의 존엄과 공공성을 지키기 위해 우리가 다시금 분노해야 한다"고 강조했다. 근대 시민사회가 피 흘려 쟁취한 민주주의는 이제 자본에 의해 잠식되었으며, 이를 되찾기 위한 투쟁은 다시 시작되어야 한다는 요청이었다.

연결된 개인의 탄생: 디지털 공론장의 형성

2011년 월가를 점령하라(Occupy Wall Street, OWS)와 분노하라(Indignados) 같은 경제적 불평등에 저항한 전 세계 시민 운동은 단순한 거리의 저항에 그치지 않았다. 대신 IT 발달로 도래한 네트워크 사회에서 새로운 형태로 진화한 개인의 집단적 자각이자 실천이었다. 이 운동의 핵심은 디지털 기술로 연결된 개인들이 더 이상 고립된 존재가 아니라 능동적이고 주체적인 사회적 행위자로서 공론장을 구성하고, 사회적 발언을 조직하며, 실천의 주체로 등장했다는 사실이다.

IT로 무장한 네트워크 연결성의 위력은 새로운 정체성 혁명을 가능하게 했다. 이전에는 제도나 매스미디어 같은 중개 기구를 통해서만 가능했던 소통과 협력이 이제는 디지털 네트워크를 통해 탈중개화된 개인들 사이에서 직접 이루어졌다. 이들은 더 이상 기존에 내면화된 정체성에 머물지 않으며 '네트워크화된 개인주의(networked individualism)'를 실현했다. 이는 사람들이 과거처럼 가족이나 직장 같은 위계적 조직이나 집단에 소속되어 정체성을 형성하던 방식에서 벗어나 IT 발전을 매개로 각자가 중심이 되어 다양한 사람들과 느슨하고 유연하게 연결되는 사회 구조를 말한다.

변화는 인터넷 등장 이전부터 점차 진행되었으며, 소셜미디어 네트워크의 발전으로 그 속도는 더욱 가속화되었다. 그 결과, 고립된 개인이 아닌 연결된 개인으로서의 삶이 가능해졌고, 개인성의 확장과 함께 공동체적 시민성의 성장도 이루어지는 기반을 마련했다. 오프라인의 광장과 온라인의 플랫폼은 더 이상 분리된 공간이 아니라 하나의 유기적 공론장으로 작동하며 사회적 실천의 장으로 우뚝 섰다.

네트워크화된 개인주의는 월가를 점령하라 운동의 확산 과정에서도 극명하게 드러났다. 이 운동은 불과 두 달 만에 미국 내 100여 개 도시로, 서울을 포함한 전 세계 1,500여 개 도시로 퍼져나갔다. 이는 물리적 시공간의 제약을 넘어서는 디지털 네트워크 연결성의 힘을 보여주는 상징적인 장면이었다. 이 흐름을 대표하는 공간도 등장했다. 뉴욕의 한 시민이 개설한 '우리는 99%다(We are the 99%)' 사이트는 사람들이 자신의 사연을 종이에 적고 사진을 찍어 게시하는 방식으로 운영되었으며, 육아 · 교육 · 의료 · 주거 등 일상적인 문제들이 정치적 의제와 함께 공유되었다. 대부분의 글은 '나'로 시작해 '99%'로 끝났고, 이는 개인의 이야기가 사회 현실의 반영이자 집단적 연대의 언어로 확장될 수 있음을 보여주는 장면이었다.

당시 유튜브는 이 운동의 디지털 공론장으로 기능했다. 2012년 11월 기준, 월가를 점령하라 관련 영상은 25만 개를 넘었으며, 가장 많은 조회 수를 기록한 '1명의 미군 병사 대 30명의 경찰(1 Marine vs. 30 Cops)' 영상은 775만 회 넘게 재생되었다. 이는 전통 미디어가 아닌 유튜브 같은 뉴미디어 플랫폼이 얼마나 강력한 파급력을 가질 수 있는지를 잘 보여주는 사례가 되었다. 이러한 플랫폼들은 특정 정치세력이나 단일 지도부가 아닌 일반 시민의 자발적 참여에 따라 의제가 설정되고 의견이 공유되는 수평적 공론장으로 기능했다. 디지털 네트워크의 무한한 공간성과 소셜미디어의 확장성은 바로 그런 자발성과 수평성을 가능하게 만든 구조적 기반이었다.

디지털 공론장의 형성은 단지 일시적인 현상이 아니라 웹의 진화가 가져온 구조적 변화의 결과였다. 웹의 발전은 단순한 기술적 진보를 넘어서 개인의 사회적 정체성과 역할을 근본적으로 바꾸어 놓았다. 블로그와 SNS를 거치며 참여와 표현의 문턱이 낮아졌고, 소셜미디어는 단순한 정보 유통의 공간을 넘어 시민들이 자신의 의견을 직접 개진하고 사회적 행동을 조직할 수 있는 디지털 공론장으로 우뚝 섰다.

디지털 공론장의 힘은 최근 우리 사회의 위기 상황에서도 전개되었다. 2024년 12월 3일 윤석열 대통령의 비상계엄 선포는 대한민국 현대사에서 전례 없는 충격을 안겨주었다. 그러나 이 위기 속에서 시민들은 스마트폰과 소셜미디어를 무기 삼아 민주주의를 지켜냈다. 계엄 선포 직후, 시민들은 SNS를 통해 국회로 향하는 계엄군의 움직임을 실시간으로 공유하며 경고를 전했고, 유튜브와 트위터, 인스타그램 등에서는 국회 주변 상황을 생중계하는 영상이 빠르게 퍼졌다. 이를 통해 시민들은 상황을 실시간으로 파악하고 빠르게 대응했다. 이러한 디지털 공론장의 힘은 계엄군의 국회 진입 시도를 저지하고, 국회가 비상계엄 해제 결의안을 신속히 의결하는 데 결정적인 역할을 했다. 시민들은 무력 대신 정보와 연대로 대응하며, 민주주의의 가치를 지켜냈다. 이 사건은 디지털 네트워크 시대의 시민이 단순한 정보 소비자를 넘어 능동적 참여자이자 감시자로서 적잖은 역할을 행할 수 있음을 증명했다. 동시에 네트워크로 연결된 개인들이 집단행동을 통해 실질적인 사회 변화를 끌어낼 수 있다는 가능성도 과시했다.

이 모든 흐름은 하나의 중요한 함의를 던진다. 법과 제도 속에서 선언적으로만 존재했던 자유롭고 평등한 개인의 주체성은, 이제 디지털 네트워크 속에서 실질적이고 구체적으로 구현될 수 있는 조건을 갖추게 되었다. 다시 말해, 네트워크로 연결된 수많은 개인의 연대는 근대 이후 형식적인 선언에 머물러 있던 자유와 평등의 이상을 현실화하는 새로운 네트워크 민주주의 실험장이 된 것이다.

디지털 공론장의 또 다른 얼굴

디지털 공론장은 오늘날 민주주의에서 숨 쉴 공간임과 동시에 위기의 징후가 드러나는 장소다. 연결된 개인들이 목소리를 내고 사회 문제를 조명하며 권력에 맞서기도 하지만, 다른 한편에서는 특정 정치세력에 봉사하는 왜곡된 정보 유통의 장이 되기도 한다. 2024년 대한민국에서 벌어진 윤석열 정부의 비상계엄 검토 의혹 보도 관련 논란은 디지털 공론장의 양면성을 상징적으로 보여주는 사건이다. 이 사안은 MBC 단독 보도를 통해 세상에 알려졌다. 해당 보도에 따르면, 2022년 대선을 전후해 국군사이버사령부와 대통령실 핵심 인사들이 비상계엄 검토 문건을 주고받은 정황이 있었다. 윤 대통령의 측근이자 대통령실 핵심 인사인 조태용 국가안보실장 등이 연루되었고, 관련 문건에는 촛불집회 등 대규모 반정부 시위 상황을 가정한 계엄령 선포 검토 시나리오가 담겨 있었던 것으로 보도되었다. 보도 이후, 보수 유튜버들은 일제히 '가짜뉴스', '좌파 언론의 선동', '북한과 연계된 언론공작'이라며 반격에 나섰다. 이를 보도한 MBC 기자의 신상을 공개하고, 보도 내용을 실시간으로 분석하며, 비방하는 생중계가 이어졌다. 이들은 서로의 채널을 통해 해당 내러티브를 빠르게 전파했고, MBC에 대한 항의 전화와 공격 댓글이 급속도로 확산했다. 여기서 문제는 단순히 의견을 내는 수준을 넘어, 보수 유튜브 네트워크가 실제로 권력의 수호 세력처럼 기능했다는 점이다. 이들은 MBC의 추가 보도를 차단하거나 무력화시키기 위한 여론전을 펼쳤고, 여권 인사들의 주장과 완벽하게 보조를 맞췄다. 2024년 12월 3일 비상계엄이 실제로 발생하고, 그 이후에는 극우 성향의 보수 유튜버들이 방송을 통해 '계엄령은 불법이 아니며 정당한 조치'라고 주장했다. 계엄을 옹호하고, '내전 대비', '대통령 호위' 등을 주장하는 방송을 수십만 명이 시청했다. 일부 채널은 계엄령 옹호 생중계로 슈퍼챗 후원을 하루 만에 수천만 원 규모로 모금하였다. 유튜브와 같은 디지털 플랫폼이 민주주의 수호 수단이 될 수도 있지만, 동시에 민주주의를 위협하는 정보와 선동의 무대가 될 수 있다는 사실을 극명하게 보여준 것이다. 이처럼 유튜브 플랫폼 내에서 형성된 정치적 네트워크는 특정 권력과 정당의 디지털 우군으로 작동하기도 한다. 특히 이들은 실시간 방송과 슈퍼챗, 커뮤니티 기능을 통해 강력한 팬덤과 자발적 후원 시스템을 기반으로 성장했다. 2020년 국정감사 자료에 따르면, 보수 성향의 주요 유튜버 10여 명이 한 해 동안 벌어들인 슈퍼챗 수익만 약 20억 원에 달한다. 구글코리아가 국세청에 제출한 자료를 보면, 상위 유튜브 채널 다수가 정치 콘텐츠를 중심으로 슈퍼챗 매출을 올리고 있었으며, 보수 유튜버들이 압도적인 점유율을 기록했다. 그 결과, 공론장이 확장된 것처럼 보이지만 현실은 극단화된 정보의 충돌장이 되었고, 시민은 자신이 보고 싶은 것만 보고 믿고 싶은 것만 믿게 되는 '에코 챔버(eco chamber)'에 갇혀버렸다. 이는 유튜브의 알고리즘 때문이 아니라, 디지털 공론의 장이 정치적 목적에 의해 불순하게 조직되고 설계되었기 때문이다.

05

비판적 사고

15. 디지털 유니버설 디자인
16. 공부의 미래와 미래의 공부
17.'좋아요'의 역설
18. 인공지능을 어떻게 볼 것인가

15
디지털 유니버설 디자인

_ 최윤희

웹 접근성의 철학과 진화

웹의 탄생은 정보가 특정한 공간과 계층에 머물던 시대의 흐름을 바꿔놓았다. 언제 어디서든 접속할 수 있는, 물리적 환경에 구애받지 않고 정보를 공유하는 새로운 세계가 시작된 것이다. 웹의 보편화 이후 사람들은 '정보 접근'에 대한 권리를 갖게 되었다. 바로 이 지점에서 정보의 평등을 실현하기 위한 구체적인 실천에 대한 논의가 시작되었다.

'웹 접근성(Web Accessibility)'은 웹의 창시자인 팀 버너스리가 주장한 "웹의 힘은 그 보편성에 있다"라는 철학에서 출발한다. 그는 웹이 진정한 공공재가 되기 위해서는 장애 유무, 나이, 기술 사용 능력과 관계

없이 모두가 동등하게 접근할 수 있어야 한다고 강조했다. 이러한 문제의식은 1997년, W3C(World Wide Web Consortium) 산하 웹 접근성 이니셔티브(WAI, Web Accessibility Initiative)가 출범하면서 구체적인 국제 기준으로 이어졌다. 여기서 처음으로 '웹 접근성'이라는 용어가 공식화되었고, 그 해 발표된 가이드라인을 통해 웹 콘텐츠가 모든 사용자에게 열려 있어야 한다는 원칙이 알려졌다. 이제 웹 접근성은 기술 발전의 부작용인 디지털 소외를 예방하고, 정보의 평등이라는 웹의 근본 가치를 지키기 위한 기준으로 자리 잡았다.

우리는 디지털 환경이 삶의 거의 모든 영역을 뒤덮고 있는 시대에 살고 있다. 접근성에 대한 고민은 더 이상 웹에만 국한되지 않는다. 화면 구성, 조작 방식, 콘텐츠 소비의 속도와 형식 등 디지털을 구성하는 다양한 정보와 서비스 요소들이 이제는 웹을 넘어 앱, 소셜미디어, 키오스크, 디지털 행정 시스템 등 일상 곳곳으로 확장되었기 때문이다. 기술을 접하는 방식이 저마다 다른 상황에서 일반적인 환경에 있는 사용자만을 기준으로 한 설계는 많은 이들을 소외시킬 수 있다. 그렇기에 디지털 환경에서 '모두를 위한 정보 접근성'은 말 그대로 모든 서비스의 기본 조건이 되어야 한다.

모두를 위한 디지털 환경에 대한 요구는 '처음부터 모두를 고려한 설계'의 필요성으로 이어졌고, 이는 불편을 줄이고 배제를 예방하려는 실천적 방향으로 나아가고 있다. 이러한 변화는 기술적 편의를 위한 선택적 환경 제시를 넘어, 누구나 정보에 접근하고 활용할 수 있어야 한다는 보편적 가치의 중요성을 대변하고 있다. 이렇게 디지털 전반으로 확대된 정보 접근 보장에 대한 인식은 '유니버설 디자인

(Universal Design)'이 지향해온 철학과 같은 방향을 향한다.

디지털로 옮겨가는 유니버설 디자인

'유니버설 디자인'이라는 용어는 로널드 메이스(Ronald L. Mace)가 처음 사용했다. 메이스는 1941년 뉴저지 주의 저지 시티에서 태어났고, 9살 때 소아마비에 걸렸다. 1966년 그는 노스캐롤라이나 주립 대학교 디자인스쿨에서 건축학 학사 학위를 받았다. 그가 겪고 있던 장애와 건축학 학문이 유니버설 디자인을 만들어 낸 바탕이 되었다. 그는 미국에서 접근성에 대한 최초의 건축법을 제정하는 일에 참여했다. 이 법은 1973년 노스캐롤라이나 주법이 되었고, 다른 주도 이를 모델 규정으로 사용하기도 했다. 접근성을 고려한 디자인 분야에서 메이스의 선구적 노력은 장애인에 대한 차별을 금지하는 국가 법률 통과에 중요한 역할을 했다. 1989년 메이스는 연방 정부 지원으로 노스캐롤라이나 주립대학교 디자인 대학에 유니버설 디자인 센터(Center for Universal Design)로 알려진, 접근 가능한 주택 센터(Center for Accessible Housing)를 설립했다. 이 센터는 주택, 제품, 그리고 건축 환경 분야의 유니버설 디자인 관련 정보를 제공하는 주요 기관으로 자리매김했다. 1997년 유니버설 디자인 센터에서 유니버설 디자인의 의미를 "제품과 환경을 가능한 한 최대한 많은 사람들이 별도의 수정이나 특수한 설계 없이 사용할 수 있도록 설계하는 것"이라고 밝히며, 7가지 원칙을 공식화했다. 그 내용은 다음과 같다.

- 공평한 사용 (Equitable Use): 디자인은 다양한 능력을 가진 사람들이 공평하게 사용할 수 있고 시장성도 있어야 한다.
- 사용의 유연성 (Flexibility in Use): 디자인은 개인의 다양한 선호와 능력을 수용할 수 있어야 한다.
- 단순하고 직관적인 사용 (Simple and Intuitive Use): 사용자의 경험, 지식, 언어 능력, 집중 수준과 관계없이 디자인의 사용 방법이 쉽게 이해될 수 있어야 한다.
- 인지 가능한 정보 제공 (Perceptible Information)
- 디자인은 주변 환경의 조건이나 사용자의 감각 능력과 관계없이 필요한 정보를 효과적으로 전달해야 한다.
- 오류에 대한 관용성 (Tolerance for Error): 디자인은 우발적이거나 의도하지 않은 행동으로 인한 위험과 부정적인 결과를 최소화해야 한다.
- 적은 신체적 노력 (Low Physical Effort): 디자인은 효율적이고 편안하게 사용할 수 있어야 하며, 최소한의 필요로 사용할 수 있어야 한다.
- 접근과 사용을 위한 적절한 크기와 공간(Size and Space for Approach and Use): 사용자의 신체 크기, 자세, 이동성과 관계없이 접근, 도달, 조작, 사용을 위한 적절한 크기와 공간이 제공되어야 한다.

디지털 환경에서의 유니버설 디자인은 단순한 물리 · 기술적 접근성을 넘어, 모든 사용자가 동등하게 디지털 정보와 서비스에 접근하고 이해하며 조작할 수 있도록 설계하는 것이다. 이는 나이, 능력, 기술 이해도, 물리적 환경 조건 등 사용자 개개인의 다양한 특성을 고려한 포괄적 설계를 요구한다. 누군가에게 특권을 제공하는 게 아니다. 누구에게나 이로운 보편적 가치를 실현하는 것이다.

정보에 대한 접근은 이제 선택이 아닌 권리다. 디지털 공간에서 그 권리를 보장하는 가장 현실적인 방법이 바로 디지털 유니버설 디자인이다. 작고 복잡한 화면 앞에서 망설이게 되거나, 익숙하지 않은 조작 방식에 자주 길을 잃는 사람들도 있다. 때로는 한 줄의 안내 문구가 부족하고, 누군가에게는 소리 없이 지나가는 정보가 문제이기도 하다. 다양한 속도와 방법으로 기술을 마주하는 이들이 모두 같은 출발선에 설 수 있도록 설계된 환경은 모두를 향한 배려가 된다.

사례로 보는 '정보에 접근할 권리'

정보 접근성을 높이는 일은 단지 누군가의 불편을 덜어주는 수준을 넘어서야 한다. 아직도 가야 할 길은 멀지만 많은 기업과 서비스 제공자들이 디지털 환경에서 모두가 주체적으로 정보를 탐색하고 활용할 수 있는 구조를 만들고 있다. 대표적인 사례가 구글 맵스(Google Maps)와 카카오맵(Kakao Map)의 '교통약자를 위한 이동 경로 안내' 기능이다. 구글 맵스는 2018년부터 '휠체어 접근 가능 경로'를 도입해 대중교통 동선에 엘리베이터, 경사로 설치 여부 등을 반영한 안내를 제공하고 있다. 구글은 "휠체어를 사용하는 분들의 편의를 위해 이 기능을 개발했지만, 목발을 사용하거나 아기차를 끌고 다니는 경우 등의 상황에서도 접근할 수 있는 경로가 도움이 된다"고 말한다. 카카오맵 역시 2020년부터 '교통약자 이동 경로 서비스'를 통해 대중교통 이용에 불편이 따를 수 있는 사람들을 위한 전국 도시철도 역사의 교통약자

이동과 환승 경로, 그리고 편의시설과 안전시설 정보 등을 제공하고 있다. 구글 맵스와 카카오맵의 이러한 서비스는 단지 장애인이나 노약자만을 위한 게 아니다. 무거운 짐을 든 사람, 일시적으로 몸이 불편한 사람 등 누구나 처할 수 있는 어려운 환경에서 모두에게 도움이 되는 보편적 설계인 것이다.

시각 정보를 제공할 때는 보편적 설계가 더 필요하다. 시각 분야에서 이러한 설계가 가장 잘 된 대표적 사례는 애플의 보이스오버(VoiceOver)다. 이는 사용자가 화면을 볼 수 없는 경우에도 스마트폰을 사용할 수 있도록 도와주는 제스처 기반 화면 읽기 도구에 해당한다. 사용자의 화면 내용을 오디오 설명으로 제공하는 건 물론, 사용자가 손가락으로 터치한 항목의 이름도 음성으로 제공한다. 2025년 애플은 하반기에 출시되는 손쉬운 기능들을 공개했다. 시각 장애인 또는 저시력 사용자를 위한 '확대기'가 새롭게 도입되고, 점자와 화면 리더 서비스의 접근성도 더 높아질 것이다. 또한 실시간 듣기, 배경 사운드, 개인 음성, 차량 모션큐 등 다양한 시각 보조 서비스의 보편적 사용 기능을 강화한다. 이러한 기술들은 일차적으로 시각 장애인을 배려한 설계지만, 멀티태스킹 중 시선을 화면에 두기 어려운 상황, 밝은 빛으로 화면이 잘 보이지 않는 환경 등 다양한 조건에서도 모두가 유용하게 쓸 수 있는 보편적 설계이기도 하다. 정보 소비를 시각에만 의존하지 않아도 된다는 점은 디지털의 포용성을 더욱 확장한다.

구글의 룩아웃(Lookout)도 유사한 맥락에서 주목할 만하다. 이는 시각 장애인이나 저시력자가 정보를 쉽게 접할 수 있도록 주변 환경에 대한 정보를 제공한다. 기기의 카메라와 센서를 사용해 사물과 텍스트를 인식할 뿐만 아니라 뷰파인더에 표시된 내용을 설명해 준다. 또한, 룩아웃 이미지의 Q&A 기능을 통해 인공지능을 활용한 이미지 설명을 들을 수 있고, 음성이나 타이핑으로 질문한 후속 질문에 대한 답도 얻을 수 있다. 스크린 리더를 사용하면 소리와 터치만으로 휴대폰을 사용할 수 있다. 이는 시각 장애인의 정보 탐색을 돕는 동시에, 문자 정보에 접근하기 어려운 사용자, 저학력자, 외국어 사용에 익숙하지 않은 이용자에게도 유용한 설계다. 결과적으로 모든 사람에게 시각 정보의 장벽을 낮추는 식으로 작동한다.

금융 서비스에서도 디지털 유니버설 디자인 가치를 실현하려는 노력이 보인다. 최근 국내 금융권에서는 고령층의 디지털 금융 접근성을 높이기 위한 움직임이 활발하다. 특히 금융위원회, 금융감독원 등은 '고령자 친화적 모바일 금융 앱 구성 지침(2022)'을 통해 국내 은행 앱에 '고령자 모드' 도입을 유도했고, 2023년 상반기까지 주요 시중은행 18곳이 관련 기능을 적용했다. 이러한 고령자 모드는 단순한 기능적 배려를 넘어, 유니버설 디자인의 핵심 원칙을 충실히 반영한 사례다. 예를 들어, 글자와 버튼을 확대하고, 자주 사용하는 기능 중심으로 메뉴를 단순화하며, 복잡한 금융 용어 대신 쉬운 문장을 사용하고, 음성 안내를 제공하는 등의 설계는 사용자의 시각적 · 인지적 부담을 줄이기 위한 '직관성(Intuitive Use)'과 '명료성(Perceptible Information)' 원칙에 해당한다. 실제 고령자 모드는 디지털 환경에 익숙하지 않은 중장년층, 금융 용어에 어려움을 느끼는 청년층, 혹은 순간적으로 집중력이 떨어진 사용자 등 다양한 상황에 놓인 일반 사용자에게도 유용한 기능으로 작용할 수 있다.

앞서 언급한 사례들은 단지 배려나 혜택의 차원을 넘어선다. 디지털 유니버설 디자인은 특정인을 위한 '특수한 설계'가 아니라, 모두를 위한 '기본 설계'를 하는 것이다. 다양한 조건과 맥락 속에서도 누구나 동등하게 정보를 다루고 접근할 수 있도록 하기 위함이다. 이 설계는 결국 정보의 평등성과 삶의 편의성을 모두 높이는 철학의 실천이자, 우리가 나아가야 할 디지털 시대의 기본 조건이기도 하다.

정보는 모두의 것이어야 한다.

웹 접근성을 출발점으로 한 디지털 포용 논의는 이제 디지털 유니버설 디자인이라는 더 넓은 설계 철학으로 이어지고 있다. 단지 장애나 나이라는 구분을 넘어, 사용자 개인이 처한 맥락과 조건을 고려한 정보 환경의 재구성이 필요하다는 인식이 확산 중이다. 정보 접근의 문턱을 낮추는 기술은 곧 모든 사람을 위한 설계로 연결되며, 이야말로 디지털 사회가 추구해야 할 '공정의 기본값'이다.

하지만 현실적으로 아직 갈 길이 멀다. 표준화된 가이드라인이 존재하더라도 실제 현장에 적용되는 수준은 서비스마다 제각각이며, '사용자 친화적'이라는 표현 아래 실질적 접근성은 뒷전으로 밀리는 경우도 많다. 특히 개발자와 기획자의 판단만으로 접근성이 '충분하다'고 간주하는 상황은 여전하다. 이는 설계 단계에서부터 사용자 다양성을 실질적으로 반영하는 구조적 시스템이 부족함을 의미한다.

디지털 유니버설 디자인은 사용자 경험 측면의 반응과 이에 대한 피드백이 끊임없이 이루어져야 한다. 예컨대, 동일한 기능이라도 그것이 전달되는 언어, 속도, 인터페이스 방식에 따라 사용자 체감은 크게 달라진다. 그러나 많은 서비스는 기능 제공에만 집중하고, 그것이 '어떻게 받아들여지는가'란 인지 · 문화적 차원까지 고려하지 못한다. 디지털 유니버설 디자인은 설계에서 완결되지 않는다. 수용자 측면에서의 논의가 지속적으로 필요하며 계속 업데이트되어야 하는 실천의 과정으로 이해해야 한다.

정보는 모두의 것이어야 한다. 디지털 유니버설 디자인은 단순한 기술적 해결책이 아니라, 사람의 차이를 이해하고 수용하려는 태도에서 출발한다. 이는 일부를 위한 특별한 설계가 아니라, 모두를 위한 기본 설계의 재정의다. 누구나 같은 출발선에 설 수 있도록 만드는 것, 그것이 바로 공정한 사회의 기반이 된다. 그러나 그 설계는 아직 완성되지 않았다.

변화는 느리고 현실은 복잡하며, 모두의 목소리가 반영된 시스템은 여전히 부족하다. 그렇기에 지금 필요한 것은 기술의 속도에 대한 집중이 아니라, 기술이 향해야 할 방향 설정이다. '누구를 중심에 둘 것인가?', '누구와 함께 갈 것인가?' 이 질문 앞에서 디지털 유니버설 디자인은 단지 하나의 기술 설계 방식으로 취급되어서는 안 된다. 우리가 다 함께 가야 할 디지털 시대의 윤리이자 기준이어야 한다.

16
공부의 미래와 미래의 공부

_ 김상현

변화에 대한 경고, 미래의 교육 방향을 고민하다

"교육이 사람을 어떤 방향으로 시작하게 하느냐가 그의 미래를 결정할 것이다."(플라톤)

2025년을 기점으로 우리나라는 전체 인구 중 20% 이상이 65세 이상 노인으로 구성되는, 초고령 사회로 접어들었다. 이는 단순한 인구 통계의 변화에 그치지 않고 사회 전반에 걸쳐 커다란 영향을 미치는 구조적 전환이다. 이러한 시대적 변화 속에서 우리는 앞으로 우리 사회를 이끌어갈 젊은 세대들이 어떠한 미래를 맞이하게 될지 깊이 있는 고민을 해야 한다.

2010년부터 2024년 사이에 태어난 이른바 알파 세대는, 인공지능과 디지털 기술이 일상화된 사회에서 성장했다. 이들은 '디지털 원어민(Digital Native)'이라 불릴 정도로 기술에 익숙하고 정보를 빠르게 습득하며, 온라인을 중심으로 사고하고 소통하는 데 익숙하다. 그러나 이들이 성인이 될 무렵에는 고령 인구가 많아지며 사회적 부양 부담이 크게 증가할 것으로 예상된다. 동시에 안정적인 정규직 일자리는 줄어들고 플랫폼 노동이나 단기 계약 중심의 고용 형태가 일반화될 가능성이 크다. 일은 오래 하지만 직업 안정성은 낮은 환경 속에서 살아가야 할 세대다.

2025년 이후 태어날 베타 세대는 지금보다 더 고도화된 인공지능, 로봇 기술, 자동화된 시스템과 함께 성장하게 될 것이다. 교육부터 돌봄, 일상생활에 이르기까지 다양한 삶의 영역에서 기계와의 공존이 자연스러운 세대가 되기 쉽다. 현재의 저출산 추세가 유지된다면 이들은 대부분 형제자매가 없는 세대로 사람 간의 관계보다 디지털 기기와의 상호작용에 더 익숙해질 것이다. 이에 따라 새로운 교육적 접근이 절실하다. 나아가 이 세대가 사회에 진입할 때는 전체 인구의 절반 이상이 노년층이기가 쉬워 극심한 인구 불균형 문제가 현실이 되기 쉽다.

미래 사회의 변화는 기존 교육의 방향을 근본적으로 재검토해야 함을 시사한다. 앨빈 토플러(Alvin Toffler)는 《내일을 위한 공부》에서 전통적인 생존 기술을 후손에게 물려주던 남아메리카 원시 부족의 이야기를 통해, 환경이 급변하면 그동안 유용했던 지식조차 쓸모없게 된다는 사실을 보여준다. 호수가 말라버리면서 카누 만드는 기술과 고기

잡이 지식은 더는 쓸모가 없어졌고, 그로 인해 이 부족이 전수해 온 생계 기술은 무용지물이 되었고 전통과 문화는 사라질 운명에 처했다.

변화를 받아들이지 못한 채 과거의 방식을 고수한다면 토플러가 말한 원시 부족처럼 시대에 뒤처질 수 있다. 오늘의 교육 체계를 돌아볼 때, 획일적인 입시 위주의 교육 속에서 많은 학생의 개성과 재능을 무시하고 있는 건 아닌지 성찰이 필요하다. 변화하는 사회 구조 속에서 중요한 것은 '무엇을 가르칠 것인가?' 보다 '어떻게 가르쳐야 하는가?'이다. 단지 과거의 성공 방식을 답습하는 게 아니라, 다음 세대가 미래에 의미 있는 지식과 태도를 이후 세대에게 전할 수 있도록 돕는 교육, 그것이 우리가 앞으로 나아가야 할 방향이다.

우수한 소수 학생 중심, 경쟁을 파는 교육

우리의 교육 현실은 여전히 경쟁 중심의 평가 체제 속에서 운영되고 있다. 초등학교부터 고등학교까지 이어지는 학업 과정은 대학 입시라는 목표를 중심으로 구성되어 있다. 고등학교에서는 대학수학능력시험에 대한 대비가 교육의 핵심이다. 이에 따라 교육의 방향은 학생 개개인의 성장과 흥미보다 성적과 등급, 그리고 입시 결과에 초점을 둔다. 이러한 구조 속에서 킬러 문항과 같은 초고난도 문제는 상위권 학생을 선별하기 위한 도구로 활용되며, 다수의 학생에게 과도한 스트레스와 소외감을 유발한다. 정답률이 극히 낮은 이 문제들은 수학적 개념 이해보다 반복 훈련과 문제 유형 암기에 치중하게 하고 결국 사교육에 대한 의존도를 높인다. 그 결과, 많은 학생이 수학에 흥미를 잃고 '수학을 포기한 자' 즉 수포자에 머물게 한다.

학교 교실 내에서는 자유로운 질문과 토론이 제한적인 경우가 많다. 학생들이 질문하기를 꺼림으로써 적극적인 학습 참여가 차단되는 상황도 발생한다. 이러한 분위기는 학생 개개인의 자존감과 학습 의욕에 부정적인 영향을 미친다.

우리 교육의 또 다른 문제는 공교육의 한계와 사교육의 확장이다. 공교육은 다양한 학습 이해력을 가진 학생들을 모두 포용하기 어렵고, 이에 따라 많은 학부모와 학생들은 사교육에 더욱 의존하게 된다. 이 과정에서 경제적 격차가 학습 기회의 차이로 이어지며, 교육 불평등이 더욱 심화한다.

한국과 해외 교육의 평가 방식

교육 평가 방식은 한 나라의 교육 철학과 정책 방향을 반영한다. 현재 우리의 대학 입학시험은 주로 객관식 중심의 평가 방식을 채택하고 있으며, 일부 논술형 문항이 보완적으로 포함된다. 이러한 방식은 빠른 채점과 공정한 비교에 유리하다는 장점이 있지만, 학생의 종합적인 사고력이나 창의성, 인성 등을 반영하기에는 한계가 있다. 결과적으로 시험은 정답을 맞히기 위한 문제 풀이 능력이나 암기력이 중요한 평가 기준이 된다.

반면, 미국이나 유럽 일부 국가에서는 대학 입시에 다양한 방식의 평가 요소를 활용하고 있다. 대부분 학교에서는 학생이 고등학교 과정 동안 이수한 과목별 성취 수준을 기반으로 성적을 평가하고 기록하며, 이를 대학 입학 심사자료로 사용한다. 단순한 수치적 평가뿐만 아니라 학생의 태도, 성장 과정, 잠재력 등도 함께 고려한다. 실제로 많은 대학이 면접, 자기소개서, 추천서, 활동 이력 등 비인지적 요소에 비중을 두며, 이를 통해 시험 외적 역량을 판단한다.

해외에서는 대학 입시뿐 아니라 공무원 채용, 교사 선발, 기업 인재 채용 등 사회 전반에 걸쳐 단일 시험보다는 장기적인 성장 가능성과 협업 능력, 문제해결력 등을 중시하는 경향이 강하다. 시험 성적보다는 사람의 전반적인 인성과 태도를 중요하게 평가하는 흐름이다. 이는 교육 현장에도 변화를 요구한다. '미네르바 스쿨'의 공동 창립자 스티븐 코슬린(Stephen Kosslyn)은 이렇게 말했다. "시험을 잘 보는 능력은 졸업 후에 별로 필요치 않다". 그는 시험이 일시적인 능력을 측정하는 수단일 뿐, 실제 삶에서는 지속적인 배움과 적응력이 더 중요하다고 말한다. 우리 사회의 입시 현실을 돌아보면 가수 장기하가 말했듯이 "입시는 결국 끈기와 인내의 싸움"으로 인식되는 경우가 많다. 실제로 지금의 평가 구조는 학생의 성실성과 반복 훈련 능력에 초점을 맞추고 있으며 그로 인해 창의적 사고와 자기 주도 학습 능력은 뒷전으로 밀리기 일쑤다. 미래학자 앨빈 토플러 역시 과거 우리나라 방문 당시 "한국 학생들은 학교와 학원에서 미래에 필요하지 않은 지식과 존재하지도 않을 직업을 위해 하루 10시간 넘게 낭비하고 있다."고 지적했다. 이는 자발적인 학습 능력을 잃어버리게 하는 우리의 교육 현실을 되돌아보게 만든다.

교육의 본질, 한 인간의 건강한 성장

진정한 교육은 지식 전달에 머무르지 않고, 한 사람의 정신적 · 정서적 · 신체적 성장을 아우르는 전인적 발달을 목표로 삼아야 한다. 학교 역시 정보나 기술을 전달하는 공간을 넘어, 학생이 조화롭게 성장할 수 있도록 돕는 배움의 장이 되어야 한다. 이러한 관점에서 대안 교육의 하나로 주목받는 방식이 바로 발도르프(Waldorf) 교육이다.

발도르프 교육은 '인지(사고), 감성(감각), 의지(행동)'의 균형 잡힌 발달을 핵심으로 한다. 현재 세계 60여 개국에서 1,000개 이상의 학교가 운영되고 있다. 아이를 단순히 교육을 수용하는 대상으로 보지 않고, 자율적이며 창의적인 존재로 인정하고 각자의 개성과 발달 속도를 존중하는 교육 환경을 지향한다. 발도르프 학교에서는 성적을 매기거나 시험으로 학생을 줄 세우지 않는다. 경쟁보다 협력과 개별 성장에 초점을 두기 때문이다. 따라서 조기 학습을 지양하고, 7세 이전에는 문자와 수를 가르치지 않는다. 아이의 발달 단계에 맞춘 놀이와 예술 중심의 수업이 이루어진다. 또한 창의성과 집중력, 사고력을 키우기 위해 만 12세 이전에는 스마트폰이나 태블릿, 컴퓨터 등을 사용하지 않도록 한다. 이는 아동이 외부 자극보다는 내면의 감각과 주변 세계에 더욱 집중할 수 있도록 돕는 조치다. 이러한 철학은 '디지털 단식'이나 '멍때리기 활동' 같은 교육적 실천으로 구체화하며, 정보 과잉 사회 속에서 사유하는 힘을 길러준다.

미국 실리콘밸리에서는 IT 업계 종사자들이 자녀 교육을 위해 발도르프 학교를 선택하는 사례가 많다. 이들 부모는 아이가 이른 시기에 디지털 기기를 접하기보다 놀고 상상하고 사람들과 어울리는 경험이 더 중요하다고 믿는다. 실제로 이 지역의 발도르프 학교 학부모 중 70% 이상이 IT 업계 종사자들이다. 이는 기술적 성공과 인간적 성숙이 별개의 가치이며, 아이가 행복하고 건강하게 성장하는 것을 더 중시하는 태도다. 이러한 교육 철학은 우리의 놀이문화 속에서도 찾아볼 수 있다. 대표적인 예가 '깍두기'라는 용어다. 깍두기는 놀이의 규칙을 잘 알지 못하는 아이에게 주어지는 배려의 이름으로, 이 아이는 실수도 용인되며 또래 친구들과 함께 놀이에 자연스럽게 적응할 수 있도록 돕는다. 이는 단순한 놀이 규칙을 넘어서, 배제보다 포용, 경쟁보다 공존을 중시했던 교육적 감수성을 잘 보여준다.

사고하고 질문하는 인간으로, 미래 교육의 새로운 방향

오늘날 교육이 지향해야 할 핵심 가치는 단순한 지식 전달을 넘어서 비판적으로 사고하고 스스로 질문할 줄 아는 인간을 길러내는 것이다. 이 과정에서 인문학은 매우 중요한 역할을 한다. 인간과 사회, 삶에 대한 깊은 이해를 바탕으로 사고의 폭을 넓히고 자율적 · 창의적 사고 능력을 키워주기 때문이다. 인문학은 인간의 존재 이유와 삶의 방향을 묻는 학문이다. 논리적으로 주장을 전개하는 능력, 타인의 상황을 이해하고 소통하는 역량, 협업과 공감에 기반을 둔 힘을 기르는 데 중심적인 역할을 한다. 이는 최근 강조되고 있는 소프트스킬과도 깊이 연관되어 있다. 기술 중심 사회에서 인문학적 통찰력이 요구되는 이유다.

인공지능과 자동화 기술이 일상에 깊이 침투하면서 인간이 스스로 사고하고 판단하는 능력을 잃어가는 현상도 점점 두드러지고 있다. 예를 들어, 에스키모 원주민들은 혹독한 눈밭에서도 탁월한 방향 감각을 갖고 살아갔다. 하지만 GPS 기술의 보편화로 고유의 생존 기술이 약해지고 있으며, 디지털 기기에 과도하게 의존한 나머지 위급 상황에서 길을 잃는 사례까지 발생하고 있다. 이러한 현상은 단지 기술 의존의 문제만이 아니라, 인간의 근본적 능력인 사고력과 판단력의 퇴화를 초래한다. 기술의 진보가 인간을 편리하게 만들 수는 있어도, 그것이 인간다움을 대체할 수는 없다.

미래 교육은 빠른 정보 습득보다 자기 삶을 스스로 해석하고 성찰할 수 있는 능력, 즉 '왜'라는 질문을 끊임없이 던질 줄 아는 자세를 기르는 데 초점을 맞추어야 한다. 이런 능력은 기계가 대체할 수 없는 인간 고유의 역량이며, 의식적인 멈춤과 성찰의 습관을 통해 길러진다. 인문학은 그러한 힘의 출발점이다. 삶에 관한 질문을 던지고, 타인을 이해하며, 나의 존재를 돌아보는 과정은 결국 지속 가능한 인간 교육의 기반이 된다.

변화하는 직업 세계, 일자리의 미래

유발 하라리는 2024년 저서 《넥서스(Nexus)》를 통해 기술 발전이 고용 구조에 미치는 영향이 점차 가시화되고 있으며, 이제는 한 사람이 평생 하나의 직업을 갖고 살아가는 시대는 사실상 끝났다고 지적한다. 그는 산업혁명 이후 줄곧 반복된 '기계가 인간의 노동을 대체할 것'이라는 경고가 단지 추상적인 예측이 아니라, 실제로 우리 눈앞에서 벌어지고 있는 현실이라고 강조한다. 이러한 흐름은 이미 2016년 인공지능 알파고가 프로 바둑 기사 이세돌을 이겼던 사건에서도 예고된 바 있다. 이 일은 많은 이들에게 충격을 주었고, 다양한 언론 매체들은 이후 사라질 가능성이 큰 직업들을 조명하면서 직업 상실에 대한 우려를 확산시켰다.

인공지능과 자동화 기술이 확산하면서 직업 개념도 변화하고 있다. 이제는 하나의 직장을 평생 다니거나, 한 분야에서만 경력을 쌓는 게 일반적 경로가 아니다. 대신 여러 직업을 넘나들며 유연하게 살아가는 양태가 뚜렷해지고 있다. 고용 안정성의 상징이던 정규직 개념마저 점차 흐릿해지고 있다. 이런 변화는 많은 사람에게 미래에 대한 불안감을 안겨주기도 한다. 하지만 모든 직업이 사라질 것이라는 비관적 전망에 대한 반론도 있다. 매사추세츠 공과대학이 2020년에 발표한《미래의 일 보고서》에서는 자동화가 일부 업무를 대체할 수는 있으나, 일자리 자체가 완전히 사라지지는 않을 것이라 분석했다. 오히려 더 큰 문제는 기술 발전으로 인해 생성되는 경제적 혜택이 일부 계층에 집중되면서 사회적 불평등이 심화할 수 있다는 사실이다.

세계경제포럼은 2022년 보고서에서 향후 5년 내 전 세계 노동자의 약 40%가 직무를 전환하리라 전망했다. 기술 변화가 빠르게 진행되는 시대의 핵심은 기술 그 자체보다도, 그러한 변화에 대응하는 사회적 제도와 정책, 교육 시스템이다. 실제로 세계 불평등연구소는 2007

년부터 2021년까지 우리나라가 OECD 국가 중에서 두 번째로 빠르게 소득 격차가 벌어졌다고 지적한 바 있다. 이는 기술 발전의 수혜가 일부에만 집중될 경우, 사회 전반의 불균형을 심화시킬 수 있음을 경고한다.

미래의 노동 환경은 여전히 불확실성이 크지만, 단지 변화에 수동적으로 대응하는 데 그쳐서는 안 된다. 중요한 건 우리가 미래를 수용할 뿐만 아니라 적극적으로 만들어가는 존재라는 자각이다. 결국 미래 사회의 모습은 기술의 방향성뿐 아니라 어떤 가치와 기준으로 사회를 설계해 나가느냐에 달려 있다. 일자리의 미래는 불확실 하나 우리는 미래 예측에서 나아가 미래를 만들어 내는 주체다.

진로를 향한 새로운 접근, 인식의 전환

한때는 안정적인 직장과 정해진 경로를 따르는 삶이 성공의 기준처럼 여겨졌다. 그러나 시대가 변함에 따라 사람들의 가치관도 함께 변하고 있다. 마크 알비온(Mark Albion)은 2000년 저서 《Making a Life, Making a Living》에서 단순히 생계를 유지하는 것에 그치지 않고, 의미 있는 삶을 추구하는 게 진정한 성공이라고 밝혔다. 그는 획일적인 인생 경로에서 벗어나 각자 자신의 가치와 관심을 중심으로 인생을 설계할 수 있는 사회적 기반이 필요하다고 강조했다. 이를 뒷받침하는 흥미로운 연구 결과도 있다. 1960년부터 1980년까지 MBA 졸업생 1,500명을 대상으로 한 장기 추적 조사에서, 대다수인 83%는 우선

돈을 먼저 벌겠다는 목표를 선택했고, 나머지 17%는 자신의 관심 분야에서부터 시작하겠다고 응답했다. 20년 뒤 놀랍게도 백만장자가 된 101명 중 100명이 '관심'을 따라간 소수 그룹에서 나왔고, '돈'을 우선시한 대다수 그룹에서는 단 한 명만이 백만장자가 되었다. 이 실증적 자료는 진로 선택에 있어 진정한 열정과 관심이 장기적인 성공으로 이어질 수 있음을 시사한다.

한편, 과학기술이 빠르게 진보하면서 기업이 인재를 평가하는 기준에도 변화가 생기고 있다. 자동화와 인공지능 기술은 기술적 역량, 즉 하드스킬로 이루어지는 반복 작업을 상당 부분 대체하고 있다. 그 결과, 기업들은 오히려 창의성, 공감력, 의사소통 능력 같은 '소프트스킬'을 갖춘 인재를 더 높이 평가하게 되었다. 미국의 교육 전문가들은 앞으로의 사회에서 필수적인 역량으로 창의성, 비판적 사고, 소통 능력, 협업 능력을 강조했다. 네 가지 능력은 기계가 대신할 수 없는 인간 고유의 역량으로 사람 간의 상호작용을 근간으로 한다. 이러한 역량은 단기간에 길러지는 게 아니라 끊임없는 성찰과 경험을 통해 만들어지는 게 특징이다.

특히 '투쉐(Toché)'와 '메타인지(Metacognition)'는 소프트스킬 함양의 핵심 개념으로 주목된다. 투쉐는 상대방의 통찰력 있는 말에 수용적으로 반응하는 태도를 의미하며, 열린 사고의 출발점이다. '메타인지는' 자기 생각의 과정을 돌아보고 통제하는 능력으로, 자기 성찰과 성장의 열쇠다. 이 두 능력을 기르면, 단순히 지식을 습득하는 수준을 넘어서 스스로 학습하고 변화하는 역량을 갖춘 사람으로 거듭날 수 있다.

미래의 공부, 주체는 언제나 인간

미국의 교육학자 로버타 미치닉 골린코프(Roberta Michnick Golinkoff)와 캐시 허시-파섹(Kathy Hirsh-Pasek)은 대학을 갓 졸업한 세대가 앞으로 겪게 될 일자리에 주목하며, 이들이 평생 경험할 직업 10개 중 8개는 현재 존재하지 않을 수도 있다고 내다봤다. 이는 미래 사회가 전례 없이 빠르게 변화하고 있기에 그에 맞는 교육과 사고방식의 전환이 필요함을 시사한다.

기존에는 한 분야에서 전문 지식을 갖춘 'I형 인재'가 주목받았다. 이후 다양한 기초 소양과 함께 협업 능력을 갖춘 'T형 인재'가 조직 내에서 효율성과 시너지를 창출하는 인재로 인정받았다. 오늘날에는 이보다 더 유연하고 통합적인 사고를 지닌 'π형 인재'가 미래 사회에 적합한 인재상으로 주목받고 있다. π형 인재는 두 개 이상의 전문 분야를 깊이 있게 이해하며, 그 사이를 연결하고 조율할 수 있는 융합적 역량을 가진 사람을 의미한다.

현대 사회는 '지식의 반감기'가 점점 짧아지는 시대로 접어들고 있다. 한때는 수십 년간 유효했던 지식이 이제는 몇 년, 혹은 몇 개월 만에 낡은 정보가 되어버리는 세상이다. 이처럼 빠르게 변화하는 시대에 우리는 '단 한 번의 교육'만으로 충분치 않다. 생애 전반에 걸쳐 지속적으로 배우고 적응하는 능력이 필수다.

기술이 아무리 발전해도 새로운 기술을 어떻게 받아들이고 활용할 것인가는 결국 우리의 몫이다. 변화의 물결 속에서 불안감을 느끼기보다는, 그 흐름을 주도적으로 탈 수 있는 준비가 필요하다. 이를 위해서는 주어진 정보를 수동적으로 받아들이기보다 스스로 질문을 던지고 해답을 탐색하는 자세가 중요하다. 질문 중심의 학습 태도는 단순히 지식 습득을 넘어 독립적이고 능동적인 학습자로 살아갈 수 있는 밑바탕이 된다. 궁극적으로 미래 교육의 핵심은 어떤 기술을 배우는가가 아니라 어떻게 생각하고 배워나갈 것인가에 대한 인간 중심의 접근이다. 공부의 도구는 달라져도, 그 주체는 언제나 '인간'이어야 한다.

<표 3> 전문가들이 예견한 미래의 공부

저자	저서명	핵심 메시지	핵심 키워드
앨빈 토플러	《내일을 위한 공부》(1974)	빠른 변화에 적응하는 능력을 기르는 교육이 중요	변화의 수용, 평생학습, 신기술의 이해와 적용, 비판적 사고, 창의력, 다원적 사고, 커뮤니케이션 기술, 관리 능력
공병호	《10년 후 성공하는 아이 이렇게 키워라》(2005)	자녀 교육에 대한 실천적 방법 제시	자기 주도적 학습, 창의성 및 비판적 사고, 인성 교육, 디지털 감각, 글로벌감각, 부모의 역할
정지훈	《내 아이가 만날 미래》(2013)	정확한 예측보다 유연한 대처 능력과 태도가 중요	기술과 사회의 급격한 변화, 직업의 변화, 미래 교육의 방향, 부모의 역할
구본권	《공부의 미래》(2019)	공부의 본질과 학습 방식, 학교와 교사의 역할 변화	공부의 개인화, 다양화, 평생학습, 교사와 학교의 역할 변화
강성태	《공부보다 소중한 너의 미래에게》(2025)	인공지능 시대에도 공부의 중요성 강조	자기 주도적 학습, 비판적 사고의 진정한 이해와 응용

17
'좋아요'의 역설

_ 김영욱

디지털 시대에 소셜미디어는 우리의 일상과 사회 전반에 깊숙이 스며들었다. 사람들은 온라인 플랫폼을 통해 소통하고, 정보를 공유하며, 다양한 경제 활동을 펼친다. 그러나 이러한 연결과 혁신이 반드시 긍정적인 결과만을 가져오는 건 아니다.

플랫폼 경제는 새로운 비즈니스 모델을 만들어 냈지만, 동시에 노동의 불안정성과 독과점 문제를 심화시키며 기존 경제 질서를 뒤흔들고 있다. 소셜미디어의 급속한 발전 또한 개인정보 침해, 가짜뉴스 유포, 혐오 표현 확산 등 다양한 부작용을 낳고 있다. 특히 2018년 페이스북의 정보 유출 사태는 디지털 플랫폼이 단순한 기술 도구를 넘어 사회적 책임을 지닌 거대한 권력으로 자리 잡았음을 보여주는 상징적 사건이었다.

더 많은 연결이 반드시 더 큰 행복을 의미하지 않는다는 점도 주목할 만하다. 소셜미디어는 관계를 확장하지만, 그 깊이를 희석하고 타인의 반응에 의존하는 심리를 조장하기 쉽다. 끊임없이 연결되는 환경 속에서 '진정한 관계'란 무엇인지 다시금 생각해 보아야 한다. 디지털 기술이 인간의 심리적 취약점을 자극하거나 악용하는 도구가 아니라, 신뢰할 수 있는 정보 제공과 건강한 소통을 촉진하는 수단이 되도록 사회적 노력이 절실하다.

'좋아요'의 불평등: 플랫폼 노동의 그늘

플랫폼 경제는 웹 2.0 시대의 혁신으로 주목받았다. 하지만 기존의 경제 질서를 흔들고, 노동 구조를 불안정하게 만들었다는 비판도 적지 않다. O2O(Online-to-Offline) 서비스 확산과 함께 플랫폼 노동의 구조적 취약성도 두드러졌다. 많은 플랫폼 기업은 자신들이 단순한 디지털 중개자라고 주장하며 고용책임을 회피한다. 이에 따라 노동자들은 자영업자로 분류되어 용역이나 위탁 계약 형태로 일하게 된다. 그 결과, 다수의 플랫폼 노동자들은 최저임금, 노동시간 제한, 퇴직금, 연차휴가, 4대 보험 등 기본적인 노동권의 사각지대에 놓여 있다. 일부 법원 판결에서 근로자성을 인정하기도 했지만, 여전히 많은 이들이 법적 보호에서 배제된 실정이다. 이런 불안정성 속에서 사회적 안전망 강화와 기본소득 도입에 대한 논의도 활발해지고 있다.

한편, 플랫폼 기반의 대형 기업들은 기술 혁신과 디지털 전환을 앞세워 빠르게 시장을 장악하고 있다. 이들은 단순한 산업 리더를 넘어, 글로벌 경제 질서를 재편할 만큼 강력한 영향력을 행사한다. 2018년 9월 아마존은 시가총액 1조 달러를 돌파하며 '꿈의 시가총액' 대열에 합류했다. 이후 애플 · 마이크로소프트 · 알파벳 등도 잇따라 1조 달러를 넘어섰다. 애플은 2020년 8월 2조 달러, 2022년 1월에는 장중 기준 3조 달러를 기록했다. 민간 기업의 자산이 국가 경제에 필적하는 이례적인 상황이다.

<표 4> 주요 플랫폼 기업의 시가총액 (2025.5)

기업명	시가총액(USD)
애플	약 3.87조 달러
마이크로소프트	약 2.79조 달러
아마존	약 1.96조 달러
알파벳	약 1.88조 달러

플랫폼 경제와 공유경제는 창조적 혁신을 내세우지만, 실제로는 기존 산업을 파괴하거나 공정 경쟁을 저해하는 경우가 많다. 양면 시장(two-sided market) 구조상 독점이 강화되기 쉬우며, 이는 사용자에게 불리한 조건으로 이어지기도 한다. 플랫폼 기업이 가격 결정권을 쥐고 서비스 이용료를 일방적으로 인상하거나, 알고리즘으로 특정 공급자나 소비자에게 불리한 결과를 유도하는 사례가 대표적이다. 결국 플랫폼 경제는 '혁신'이라는 이름 아래 노동자의 권리를 약화하고, 시장 질서를 왜곡하며, 소비자에게도 불리한 환경을 만들어 내고 있다.

"좋아요"의 반격: 프라이버시의 위협

2018년 드러난 페이스북 개인정보 유출 사건은 단순한 일탈이 아니었다. 이는 소셜미디어 시대에 구조적으로 내재한 위험성을 보여준 상징적 사례로 평가된다. 당시 영국의 데이터 분석 기업 케임브리지 애널리티카(Cambridge Analytica)는 페이스북 이용자 27만여 명의 동의를 받아 심리 테스트를 진행했다. 이어 이들과 친구 관계로 연결된 약 5천만 명의 개인정보까지 무단으로 수집해, 미국 트럼프 대선 캠프의 정치 전략에 활용했다. 이 사건은 디지털 플랫폼이 수집한 방대한 데이터를 정치적 · 상업적으로 어떻게 오용할 수 있는지를 드러냈고, 전 세계적으로 '#DeleteFacebook(페이스북 탈퇴)' 운동으로 확산했다.

> 넷플릭스 다큐멘터리 <거대한 해킹(The Great Hack)>(2019)은 페이스북과 케임브리지 애널리티카 간의 데이터 스캔들을 중심으로, 디지털 시대 개인정보 수집과 정치적 조작의 위험성을 조명한다. 이 작품은 2016년 미국 대선과 브렉시트(Brexit) 국민투표 당시, 케임브리지 애널리티카가 페이스북 사용자 수천만 명의 데이터를 무단 수집해 유권자 행동을 조작한 과정을 다룬다. 특히 이 다큐멘터리는, 수집된 데이터가 어떻게 심리적 프로파일링과 정치적 선전에 활용되었는지를 시각적으로 보여주며, 디지털 시대 민주주의에 대한 강력한 경고를 던진다.

이 사건 이후, 페이스북의 창립 이념인 개방성과 자유로운 연결은 점점 왜곡되었다. 연결은 오히려 사용자 통제를 약화하고, 플랫폼의 독점 구조를 강화하는 방식으로 작동했다는 비판이 제기되었다. 웹의 창시자인 팀 버너스 리 역시 이러한 흐름에 우려를 표하며, 사용자에게 데이터 소유권을 돌려주는 새로운 웹 구조 '솔리드(Solid)' 프로젝트를 제안했다. 솔리드는 이용자가 자신의 데이터를 직접 소유하고 관리할 수 있도록 설계한 탈중앙화된 웹 시스템이다.

케임브리지대학 연구팀은 페이스북의 '좋아요' 데이터를 분석해 사용자에 대한 놀라운 수준의 예측이 가능하다는 사실을 밝혔다. 이들은 사용자의 성별(88%), 인종(95%), 종교(82%)는 물론, 약물 남용 여부, 부모의 이혼 여부, 성격, 정치 성향, 지능 지수까지도 높은 정확도로 추론할 수 있는 알고리즘을 개발했다. 외향적인 사람은 제니퍼 로페즈(Jennifer Lopez)를, 내성적인 사람은 영화 〈다크 나이트〉를 좋아할 확률이 높았다. IQ가 높은 사람은 영화 〈대부〉를, 낮은 사람은 할리 데이비드슨을 선호하는 경향이 나타났다. 이러한 분석 기술은 마케팅에 유용할 수 있지만, 일반 이용자에게는 심각한 프라이버시 침해와 정보 조작의 위협으로 이어질 수 있다. 개인의 취향과 반응이 은밀한 심리 정보를 드러내고, 이는 정치적 · 상업적으로 활용될 가능성이 크기 때문이다.

'좋아요'의 그림자: 가짜뉴스와 사이버 불링의 연결고리

소셜미디어는 정보를 빠르게 확산시키는 강력한 도구다. 하지만 그만큼 왜곡된 정보가 퍼질 위험도 크다. 그 중심에는 가짜뉴스와 허위 조작 정보가 있다. 가짜뉴스는 단순한 오보나 풍자처럼 보이지만, 실제로는 사실과 거짓이 혼재된 채 사람들의 판단을 흐리게 만든다. 반면 허위 조작 정보는 명확한 목적을 가지고 사실을 의도적으로 왜곡하거나 조작한 정보로, 정치적 · 경제적 이익을 위해 생산되는 경우가 많다. 특히 언론 보도는 정교하게 포장되어 진실처럼 받아들여지는 경우가 많아 사회적 파장이 더욱 크다. 이러한 정보들은 주류 언론에 대한 불신을 가진 이들 사이에서 쉽게 확산한다. 정치적 소수파나 포퓰리스트, 극단주의자들은 소셜미디어를 분노의 전파와 지지층 결집 수단으로 활용한다. 이 과정에서 정보의 왜곡은 혐오 표현으로 번지고, 사회적 긴장을 더욱 증폭시킨다. 일부 학자들은 이를 '분노산업'이라 부르며, 감정을 자극해 참여를 유도하고 그 과정에서 수익과 권력을 얻는 구조를 지적한다.

가짜뉴스와 허위 정보가 퍼지는 데에는 인간 심리의 취약성도 작용한다. 사람들은 자신이 믿고 싶은 정보만을 선택적으로 받아들이는 경향이 있다. 이를 확증편향이라 한다. 인지 능력이 낮을수록, 스스로가 틀릴 수 있다는 가능성을 인정하지 않으려는 성향도 커진다. 전문가의 분석보다 친구의 게시물이나 개인적 경험을 더 신뢰하는 심리는 잘못된 정보가 '진실처럼' 유통하는 토대를 제공한다.

<표 5> 가짜뉴스와 허위 조작 정보 비교

구분	가짜뉴스 (Fake News)	허위 조작 정보 (Disinformation)
정의	사실처럼 보이지만 실제로는 사실이 아닌 정보	특정 목적을 위해 의도적으로 조작·왜곡된 정보
의도성	반드시 고의적이지는 않음 (풍자나 오해에서 비롯되기도 함)	명확한 정치적, 상업적, 이념적 목적이 있음
형식	언론 보도처럼 꾸며진 기사, 이미지, 동영상, 밈 등	가짜뉴스 형태 포함, 데이터 조작, 영상 합성 등 복합적 방식 포함
주요 유통 채널	SNS, 커뮤니티, 유튜브 등	특정 진영의 웹사이트, 커뮤니티, 정치 캠프 등

대표 사례	지구는 평평하다, 코로나19는 5G 전파로 감염된다 등	2016년 미국 대선에서 케임브리지 애널리티카의 조작된 정치광고
사회적 영향	잘못된 인식 확산, 혼란 유발	여론 조작, 정치적 개입, 사회적 분열 초래

페이스북의 초대 사장 숀 파커(Sean Parker)는 2017년 한 공개 행사에서 플랫폼이 사용자 심리를 정교하게 겨냥해 설계되었다고 밝혔다. 그는 '좋아요'나 댓글 같은 피드백 기능이 사용자의 도파민 반응을 유도하는 구조라며, 이를 "사회적 검증 피드백 루프(social-validation feedback loop)"라고 불렀다. 사용자는 더 많은 반응을 얻기 위해 더 자주 콘텐츠를 올리게 되고, 더 오래 플랫폼에 머무르게 된다. 파커는 이러한 구조가 인간의 심리를 악용한 것이라고 스스로 비판했다. 특히 청소년의 두뇌 발달과 사회적 관계에 미치는 부정적 영향을 우려했다.

참여를 유도하는 설계는 또 다른 문제를 낳는다. 바로 사이버불링이다. 소셜미디어는 익명성과 공개성이 결합한 공간이다. 이 속성은 특정 개인이나 집단을 대상으로 조롱과 공격이 쉽게 이루어지게 만든다. 댓글, 이미지, 밈 등은 희화화와 왜곡의 수단이 되고, 반복적인 비난은 단순한 장난이 아닌 현실의 폭력이 된다. 피해자는 정신적 고통과 자존감 상실, 사회적 고립에 시달릴 수 있으며, 극단적 선택으로 이어지는 사례도 있다.

문제는 이런 공격이 때로는 '놀이'처럼 소비된다는 점이다. 플랫폼은 사용자 참여를 늘리기 위해 갈등과 분열을 부추기는 알고리즘을 사용하기도 한다. 누군가의 고통은 다른 이들의 흥미로 전환되고, 혐오와 조롱은 인기 콘텐츠로 소비된다.

소셜미디어는 연결을 약속했지만, 그 연결은 모두에게 평등하지 않았다. 정보는 왜곡되고, 감정은 조작되며, 누군가는 배제되고 또 누군가는 상처를 입는다. 플랫폼은 이제 단순한 기술이 아니라, 심리와 사회를 통제할 수 있는 구조로 작동하고 있다. 우리는 지금 질문해야 한다. '좋아요'는 누구를 위한 기능인가? 소셜미디어의 연결은 누구를 향해 있고, 누구를 고립시키고 있는가?

'좋아요'의 착시: 연결은 늘고, 외로움도 함께 늘었다

더 많은 연결이 반드시 더 큰 행복을 의미하는 건 아니다. 친구 목록은 늘어나지만, 오히려 외로움이 깊어지는 경우도 적지 않다. '던바의 법칙(Dunbar's Number)'에 따르면, 한 사람이 진정으로 가까운 관계를 유지할 수 있는 인원은 약 150명 정도에 불과하다. 그러나 소셜미디어에서는 이보다 훨씬 많은 사람들과 쉽게 연결된다. 문제는 이러한 연결이 모두 의미 있는 관계로 이어지지 않는다는 사실이다.

우리는 도구를 만들고, 도구는 다시 우리를 변화시킨다. 소셜미디어가 없는 세상은, 마치 나훈아의 노래에 나오는 "아무도 찾지 않는 바람 부는 언덕에 이름 모를 잡초야"라는 가사처럼, 사회적 접촉이 적고 자신을 알아주는 이가 드문 세상일 수 있다. 반면 소셜미디어가 활발한 환경은 산울림의 노래 중 "너의 그 한마디 말도 그 웃음도 나에겐 커다란 의미"라는 가사가 더 어울린다. '좋아요', '댓글', '공유'와 같은 작은 반응조차도 커다란 의미를 가지며, 사람들은 자연스럽게 타인의 반응을 의식하게 된다. 그만큼 작은 피드백에도 기뻐하거나 상처받기 쉬운 환경이 만들어지는 것이다.

"좋아서 '좋아요'를 눌렀더니, 좋은 것들로만 세계가 짜였다." 그러나 이렇게 만들어진 세계가 정말 좋은 것일까? 소셜미디어는 더 많은 사람들과 연결될 기회를 제공한다. 하지만 그 과정에서 관계의 깊이는 얕아지고, 타인의 반응에 의존하는 심리는 더 강해질 수 있다. 결국 많은 연결이 곧 행복을 의미한다는 믿음은 오히려 관계와 감정을 더욱 허약하게 만든다. 우리는 이 역설을 진지하게 되돌아봐야 한다. 지금의 연결이 진정한 의미의 관계를 만들어 내고 있는지를 말이다.

18
인공지능을 어떻게 볼 것인가

_ 김재영

탄생과 개념의 대두

인공지능 개념이 본격적으로 학문적 논의에 오른 건 1956년이었다. 컴퓨터 과학자 존 매카시(John McCarthy)는 당대의 석학들을 모아 다트머스대학교(Dartmouth College)에서 학술회의를 개최했다. 생각하는 능력을 갖춘 기계에 관한 연구를 제안하며 이를 인공지능(Artificial Intelligence)이라 처음 명명했다. 인공지능의 시작이었다.

엄밀히 말해, 인공지능의 뿌리는 그보다 앞서 이미 자라나고 있었다. 대표적으로 영국의 수학자 앨런 튜링(Alan Turing)은 1936년 현대 컴퓨터 개념의 기반이 되는 '튜링 머신'을 제안했다. 1950년에는 '사고하는 기계'와 관련한 '튜링 테스트' 개념을 제안했다. 인간의 지능을 기계가 가졌다고 볼 수 있는지 판단하는 기준으로, 오늘날까지 인공지능 논의에서 중요한 역할을 하고 있다.

다트머스 회의 이후 인공지능 연구는 빠르게 확산했다. 초기 연구자들은 컴퓨터가 인간처럼 생각하고 문제를 해결할 수 있으리라 기대했다. 인공지능의 개척자인 뉴얼(Allen Newell)과 사이먼(Herbert Simon)은 직접 개발한 프로그램으로 체스나 수학 문제 풀이에 도전하려는 시도를 여러 차례 진행했다. 하지만 제한된 환경에서만 성과를 보일 뿐 실제 세계의 복잡함과 모호함을 처리하기에는 역부족이었다. 컴퓨터의 연산 능력, 기억 용량, 센서 기술 등 물리적 한계에 더해 인간의 지능이 지닌 맥락이나 상식 추론을 모방하기엔 턱없이 부족했다.

침체기

1970년대 후반, 기대에 비해 더딘 성과에 정부와 기업들은 인공지능 연구에 대한 지원을 줄였다. 연구 자금 감소와 관심 하락 등 인공지능 연구 정체기에 접어들었기에, 이 시기를 '첫 번째 인공지능 겨울'이라 부르기도 한다. 이 시기는 그리 길지 않았다. 1980년대 들어 전문가 시스템이라는 새로운 형태의 인공지능이 주목받았다. 특정 분야의 전문가 지식을 수많은 규칙으로 저장해 문제에 대한 해결책을 자동으로 제시하는 시스템이었다. 다만, 지식 추가나 수정이 매우 복잡하고, 변화에 유연하게 대응하지 못하는 한계를 드러냈다. 1987년부터 1993년까지 '두번째 인공지능 겨울'을 맞았다.

딥러닝(Deep Learning), 새로운 국면

이전까지의 인공지능 정보 처리 방식은 기계학습을 위해 인간이 일일이 규칙을 입력하는 방식이었다. 1990년대에는 기계가 스스로 데이터를 학습해 패턴과 규칙을 찾아내는 식으로 나아갔다. 머신러닝(Machine Learning) 알고리즘을 활용한 것으로 인공지능 연구의 새로운 국면을 열었다. 이 흐름은 2012년 딥러닝 기반의 신경망 모델인 알렉스넷(AlexNet)이 이미지 인식대회에서 압도적 성과를 내면서 결정적 전환점을 맞는다. 이후 사람의 얼굴 인식, 음성 인식, 번역, 자율주행 등 다양한 분야에서 딥러닝이 적용되기 시작했다. 딥러닝은 머신러닝의 한 분야로 인공신경망을 여러 층으로 깊게 쌓아 올려 데이터를 학습하도록 한다.

딥러닝은 두 가지 기술을 토대로 2010년대부터 급속도로 성장했다. 하나는 GPU(Graphics Processing Unit, 그래픽 처리장치)를 비롯한 컴퓨터 시스템의 획기적 개선이었다. 반복적인 연산을 병렬로 처리하는 GPU가 CPU(Central Processing Unit, 중앙처리장치)의 역할을 대신함은 물론 인공신경망 학습에 적용되면서 딥러닝 발전이 가속화되었다. GPU가 방대한 학습 데이터를 분석해 특성을 추출하는 과정에서 효율성을 높여주기 때문이다. 다른 하나는 데이터의 증가다. 인공신경망 학습을 위해서는 대량의 데이터가 필요하다. 개별 컴퓨터에 입력된 정보만 사용할 수 있었던 과거와 달리, 인터넷이 보급되고 검색엔진이 똑똑해지면서 데이터의 범위가 확장됐다. 2000년대 이후에는 스마트폰과 사물인터넷이 발전해 전 세계적으로 수많은 데이터가 실시간으로 수집되었다.

빅데이터를 학습한 딥러닝 알고리즘은 더욱 정교해졌다.

딥러닝이 세상에 널리 알려진 계기는 2016년에 열린 알파고와 이세돌의 대국이었다. 구글 딥마인드가 개발한 인공지능 알파고(AlphaGo)가 4승 1패로 바둑기사 이세돌 9단을 압도한 것이다. 알파고는 수만 번의 자가 대국을 통해 스스로 학습하고, 인간의 직관을 모방해 수를 예측하며 전략까지 세울 수 있게 되었다. 이 세기의 대결은 일반인들에게 인공지능 시대의 도래를 명징하게 알려준 획기적 국면이었다.

챗GPT(Generative Pre-trained Transformer)와 생성형 인공지능

2017년에는 자연어처리(Natural Language Processing, NLP) 모델인 '트랜스포머(Transformer)'가 발표되었다. 이는 단어의 특징과 같은 입력 데이터에서 중요한 정보를 추출하고 출력 데이터를 생성하는 딥러닝 모델이다. 트랜스포머는 데이터 사이의 복잡한 관계와 패턴을 학습하고, 더 중요한 정보를 포착한다. 이를 기반으로 고품질의 결과물을 생성해 언어 이해, 기계 번역, 대화형 시스템 등의 자연어처리 작업에 혁신을 더한다.

오픈AI는 트랜스포머 모델을 사용해 2018년 GPT를 출시했다. 이후 매년 더 많은 매개변수와 학습 데이터를 사용해 빠른 속도로 성능을 개선했다. 2022년 말에는 챗GPT를 선보이며, 생성형 인공지능(Generative AI) 시대를 열었다. 이는 데이터를 바탕으로 예측하고 분류하는 딥러닝의 수준을 넘어 사용자의 요구에 따라 스스로 결과물을 생성하는 특징이 있다.

지금은 방대한 데이터 세트를 활용한 GPT-4가 텍스트를 넘어 이미지와 오디오, 비디오 등 다양한 입력 데이터를 동시에 처리한다. 또한 여러 기업이 다양한 생성형 인공지능 서비스를 출시하고 있다. 오픈AI의 GPT-4Omni, 구글의 제미나이(Gemini)프로, 그리고 아마존과 구글이 투자한 앤트로픽의 클로드3(Claude3)가 가장 발전한 멀티모달 형식의 생성형 AI에 해당한다. 이들은 이미지뿐 아니라 텍스트 문서, PDF, 차트 등 다양한 유형의 데이터를 분석해 답을 제공한다. 이밖에 페이스북이 투자한 메타의 라마3.3(Llama3.3)과 일론 머스크의 그록3(Grok3), 텍스트 프롬프트 기반으로 영상을 제작하는 오픈AI의 소라(Sora) 등이 있다.

인공지능이 세상에 미칠 문제들

현재의 생성형 인공지능은 결론을 도출하는 원리가 불투명하고 설명 불가하다. 따라서 책임지거나 신뢰할 수 없는 잘못된 결과로 이끌 수 있다. 결과의 중요성이나 윤리적 함의를 알지도 못한다. 의도치 않은 심각한 문제를 일으킬 수도 있다. 사회에서 실제로 인공지능으로 인해 발생하는 문제는 다양하다. 일부는 기술 발전으로 해결할 수 있을 터이다. 인간처럼 스스로 사고, 유추, 실행할 수 있는 AGI의 등장을 목전에 둔 상황에서 인공지능을 감시 · 제어 · 통제할 수 있는 시스템은 완벽하지 않다. 지금 당장 준비하지 않으면 인류의 미래는 재앙이

될지도 모른다.

정보 편향성

실생활에서 가장 광범위하게 발생하는 문제는 추천 알고리즘이다. OTT(over-the-top media service) 서비스는 우리가 볼 콘텐츠를 정해주고, 쇼핑 앱은 관심 있어 할 아이템을 보여주며, SNS는 친구의 게시물이나 뉴스를 나의 선호에 따라 제공한다. 뉴스나 소셜미디어에서 알고리즘에 기반해 제공하는 방식을 '필터 버블(filter bubble)'이라 한다. 이를 통해 '에코 챔버(echo chamber)' 효과가 발생하기 십상이다. 에코 챔버는 소리의 잔향 효과를 실험하기 위한 인공적 폐쇄 공간으로, 소리가 외부에 새어 나가지 않고 메아리로 되돌아온다. 소셜미디어 측면에서 보자면, 관심사를 비롯해 신념, 정치적 견해 등이 비슷한 사람들끼리만 서로 정보를 공유함으로써 기존의 신념과 견해에 확신을 강화・증폭하는 현상을 지칭한다. 필터 버블을 통해 발생하는 에코 챔버 효과는 사용자의 확증편향과 인지 편향을 강화하고, 나아가 사회 구성원들을 양극화시킨다.

가짜 정보

인공지능은 때로 존재하지 않거나 맥락에 맞지 않는 부정확한 답을 사실인 것처럼 말하기도 한다. 이를 '환각(Hallucinations)'이라 부른다. 이러한 오류는 데이터를 충분히 학습하지 못했거나, 데이터가 편향·오염되었거나, 모델의 가정이 잘못되는 등의 다양한 원인에서 발생한다. 특히 편견 혹은 정확하지 않은 데이터들이 입력됨으로써 혐오 발언·성적 인종적 편견이 포함된 내용, 가짜뉴스, 잘못된 의학 정보 등으로 귀결되기 쉽다. 일례로 미국에서는 인공지능을 이용한 안면인식 기술의 오류로 무고한 남성이 절도범으로 체포되는 일도 있었다. 안면인식 알고리즘이 소셜미디어에 올려진 남성의 사진과 훔친 신용카드를 사용한 범인의 모습이 유사하다고 판단한 결과였다. 그러나 체포된 남성의 모습은 맨눈으로도 범인의 모습과 현저히 달랐다. 택배회사의 고객 응대 챗봇이 욕설을 내뱉고, 항공사의 챗봇이 존재하지 않는 할인 항공권을 안내한 사례도 있었다.

노동력 대체

인공지능의 작업 효율성은 다양한 영역에서 인간의 능력을 넘어선다. 이는 전 사회에 걸쳐 인간의 노동력을 급속히 대체하는 결과를 초래한다. 산업혁명 기계가 물질을 대량 생산하고 물리적 노동력을 대체했다면, 인공지능은 지적 노동까지 대신한다. 세계경제포럼이 2023년에 발표한 '가장 빨리 사라질 일자리'의 상위권에는 은행 창구 직원과 우체국 직원, 계산원 매표원, 데이터 입력 담당자, 행정 집행비서, 입법부 의원, 공무원 등이 꼽혔다. 대체는 단순 사무직부터 시작하지만, 머지않아 전문성과 숙련도를 요구하는 직업들로도 확장될 것이다. 인공지능 기술의 발전과 활용 속도를 고려할 때, 가까운 미래에 사회 전반의 다양한 분야에서 인간의 일자리가 대량으로 사라질 것은 명약관화하다.

독점과 통제

인공지능 기술을 연구하고 발전시키는 주체는 소수의 슈퍼 엘리트와 세계적 기업, 나아가 소수의 선진국에 한정된다. 우선 기술을 연구 개발하는 데 천문학적 투자 비용이 요구되며, 인공지능을 훈련 시키기 위해 방대한 데이터가 필요하다. 또한 인공지능 시스템 가동과 데이터센터 냉각을 위해 막대한 에너지와 물을 사용해야 한다. 따라서 인공지능의 성능 향상이 가속화될수록 소요되는 에너지와 비용은 상상을 초월할 정도로 커진다. 따라서 극소수의 자본 권력이 선점할 수밖에 없고, 관련 정보는 폐쇄적으로 독점 운영되기 쉽다. 인공지능 기업들은 인공지능과 관련해 일원화된 대책이 필요하다고 입을 모으지만, 정작 구체적인 규제책에는 협조하지 않는다.

인공지능 기술이 생성해 내는 결과물은 우리가 완전히 통제할 수 없다. 관련 연구를 이끄는 전문가들은 빠르면 1년 이내, 늦어도 10년 이내에 AGI(Artificial General Intelligence)가 본격 등장하리라 전망한다. 인간처럼 스스로 학습하고 사고하며 복잡한 문제부터 창의적 작업까지 자율적으로 수행하는 AGI가 인간에게 미칠 영향은 분야와 정도를 가늠

할 수 없다. 이러한 문제들을 고려할 때, 소수에 독점된 인공지능 기술 관련 연구를 감시하고 통제할 시스템이 절실하다. '인공지능 안전 시계'를 제안한 스위스 국제경영개발원 마이클 웨이드(Michael Wade) 교수는 지금이 11시 31분으로 고위험 단계라고 보았다. 동시에 "인공지능은 빛의 속도로 발전하는 반면 규제는 뒤처져 있다"고 진단했다. 인공지능의 대부로 불리는 제프리 힌턴(Geoffrey Hinton) 교수도 인공지능으로 인해 향후 30년 이내에 인류가 멸종할 가능성은 10~20%에 이른다고 주장했다. 인공지능의 가공할 힘을 통제할 수 있는 시간은 실로 얼마 남지 않았다.

부록

*부록1 : 스티브 잡스와 스토리텔링: 스티브 잡스처럼 사고하고 말하기
*부록2 : 기술이 사람을 대신할 수 있을까?
참고문헌

01
스티브잡스와 스토리텔링

스티브 잡스처럼 사고하고 말하기

_ 정명진

많은 사람들이 말을 조리 있게 하는 사람, 글을 잘 쓰는 사람들을 부러워한다. 자기 생각과 경험을 말과 글로 표현해 타인으로부터 공감을 사는 능력은 세상을 살아가는 데 큰 도움이 된다. 애플 창업자 스티브 잡스는 전형적인 스토리텔러, 즉 이야기꾼이다. 잡스의 이야기에는 상대방을 귀 기울이게 하고, 자연스럽게 설득하는 힘이 있다. 혁신적인 제품으로 생활양식을 바꾼 인물이기도 하지만 세상 사람들이 잡스의 말과 글에 열광한 건 그의 스토리텔링 능력 덕분이라 해도 과언이 아니다.

말 잘하고 글 잘 쓰는 사람은 어느 조직에서도 인정받는다. 기본적으로 표현하는 능력은 경쟁력의 요체다. 말과 글에는 생각하는 힘이 뒷받침되기 때문이다. 중국 송나라 문인 구양수는 글을 잘 쓰기 위해

'다독(多讀)', '다작(多作)', '다상량(多商量)' 해야 한다고 강조했다. 많이 읽고, 많이 써야 글을 잘 쓴다는 건 당연한 말이다. 그중에서도 다상량이 핵심이다. 다상량은 '많이 헤아리고 헤아리다'는 뜻이다. 결국 생각하는 힘을 키워야 말하기와 글쓰기 근육도 발달한다. 요즘 인공지능이 대신 글을 쓰고 그림을 그려주는 시대지만, 생각하지 않고서는 어떠한 것도 생성할 수 없다. 인공지능에게 정확하게 지시하고, 묻고, 대답을 활용하기 위해서는 스스로 생각하는 힘이 있어야 한다.

많은 사람이 스피치 공포증을 호소한다. 사람들 앞에서 자신을 표현하는 건 누구에게나 쉽지 않다. 나의 발표, 내가 쓴 글을 다른 사람들이 어떻게 평가할지 두려움이 앞선다. 하지만 표현하는 행위는 소통해야 하는 인간에게 피할 수 없는 문제다. 의사소통은 나를 표현하고 상대의 표현을 헤아려 다시 피드백하는 과정이다. 공부도 마찬가지다. 책을 읽고 강의를 들으며 타인의 표현을 이해하고, 이를 다시 자기 생각으로 소화해 표현하는 게 핵심이다. 시험의 경우에도 그동안 공부한 내용을 바탕으로 자기 생각을 조리 있게 표현하고, 평가자인 교수의 공감을 일으켜야 나은 점수를 얻기 마련이다.

스토리텔러의 전형적인 면모를 보여준 잡스

잡스는 2005년 스탠퍼드 대학교 졸업식 연설에서 이야기꾼의 전형적인 면모를 보여주었다. 프레젠테이션이나 연설 내용을 청중이 과연 얼마나 기억할 수 있을까? 마크 트웨인은 "설교가 20분을 넘으면 죄인도 구원받기를 포기한다"고 말했다. 아무리 내용이 훌륭해도 지루하고 긴 발표는 청중으로부터 외면받기 쉽다. 결국 나에서 출발해 타인에게 가 닿아야 매끄러운 의사소통이 이루어진다.

우선 청중이 관심을 보일만한 이유를 명확하게 제시하는 게 중요하다. 잡스는 연설할 때 먼저 청중의 머릿속에 로드맵을 그림처럼 그려준다. "three stories in my life. that's it. no big deal. just three stories(내 인생의 세 가지 이야기, 그게 다입니다. 거창하지 않아요. 딱 세 가지만 이야기할게요)." 이는 청중이 연설의 내용을 예측할 수 있도록 돕는다.

독자와 청중의 관심을 끄는 글쓰기와 연설 방법으로 자주 강조되는 'Three-Part Rule(세 가지 법칙)'이 있다. 두 가지는 무언가 불완전해 보이고, 네 가지는 완결 구조를 갖추고 있으나 한 번에 모두 기억하기 힘들다. 세 가지는 간결하면서도 완결적이기에 독자와 청중이 쉽게 기억하고 이해한다. 오랫동안 구전되어 오다 동화나 소설로 남은 작품 중에 유독 삼 형제와 삼총사가 많은 것도 이 때문 아닐까. 로드맵을 세 가지로 제시하면 청중이 쉽게 이야기를 따라갈 수 있게 된다.

"Three stories in my life"
잡스 인생의 세 가지 이야기: 2005년 스탠포드 대학교 졸업식 연설

① "connecting the dots"
잡스는 인생의 전환점을 또다시 세 가지로 요약한다. 출생과 입양, 대학 입학과 자퇴, 관심 있는 강의. 이 중 대학 자퇴를 '최고의 선택'이라고 했다. 당시 그것이 인생의 전환점인지 몰랐지만, 지금은 매우 명확한 것이라고 말했다.
② Love & Loss
자기가 만든 회사에서 해고된 참담한 상황 속에서도 잡스는 의미를 찾는다. 여전히

자신이 하는 일을 사랑하고 있음을 확인하고 초심으로 돌아가 또 다른 회사를 세운다. 결국 해고는 '최고의 일'이 되고, 결혼까지 이어지면서 일과 연인에 대한 사랑을 재발견하게 된다.

③ Death

잡스는 '오늘이 인생의 마지막 날이라면 무엇부터 할까?'라고 청중에게 물음을 던진다. 죽음을 피하지 않고 직시하면 무엇이 중요한지 보이게 된다. 인생의 마지막 날처럼 하루하루를 진심으로 살아가게 된다. 그는 죽음 역시 "삶이 만든 최고의 발명품"이라고 표현했다.

입양과 자퇴, 해고, 그리고 죽음까지 잡스는 시련을 최고의 선택이자, 일이며, 발명품으로 바라보는 긍정의 힘을 가지고 있다. 이러한 잡스의 메시지는 스토리텔링과 3가지 법칙을 통해 청중에게 효과적으로 전달된다. 그는 《The Whole Earth Catalog(지구백과)》 잡지의 최종판 뒤표지에 실린 "Stay Hungry, Stay Foolish(늘 허기진 듯, 늘 우직하게)"라는 문구를 3번 반복하며 연설을 마친다.

스토리텔링, 자신만의 경험으로 이야기하라

이야기하듯이 말하는 방식인 스토리텔링에서 중요한 건 에피소드, 즉 사건과 사례다. 사람과 사람이 만나면 사건이 일어나고, 사건과 사건이 이어지는 게 이야기다. 이야기하듯이 말하고 쓰려면, 관련된 에피소드가 많아야 한다. 에피소드는 스토리텔링의 주요 글감이다. 에피소드가 없는 글은 단순한 정보의 나열에 그치기 쉽다. 정보만 나열한 글은 필요한 사람에게 유익할 수 있으나 재미와 감동을 주지 못한다. 에피소드의 연결, 즉 이야기가 있어야 재미와 감동으로 독자의 시선을 사로잡는다.

그렇다면 무엇을 이야기해야 할까? 많은 사람이 자신이 경험하고 느낀 것을 대수롭지 않게 여긴다. 하지만 그런 경험이야말로 타인에게 전달할 수 있는 자기 고유의 글감이다. 인상적인 경험을 이야기할 때 청중은 절대 지루해하지 않는다. 외우려고 애쓰지 않아도 자연스럽게 이야기가 흘러나오기 마련이다. 프레젠테이션의 핵심도 슬라이드가 아니라 이야기다. 슬라이드는 이야기를 들려주지 않는다. 슬라이드를 예쁘게 디자인하는 것보다 자신만의 이야기를 만드는 데 더 많은 시간을 할애해야 한다.

청중은 세세한 내용을 기억하지 못한다. 하지만 감정적 자극이 동반된 정보는 훨씬 오래 기억한다. 프레젠테이션을 경험의 장으로 만들어 보자. 슬라이드를 만들 때 말하는 내용을 그대로 담는 것은 도움이 되지 않는다. 오히려 메시지 전달을 방해한다. 이미지를 중심으로 구성된 잡스의 슬라이드는 최소한의 텍스트만 있다. 청중이 기억하길 바라는 단 하나의 핵심 메시지만 남겨 집중할 수 있도록 해야 한다,

Practice! Practice! Practice!

처음부터 끝까지 한 편의 글을 완성하는 '일필휘지(一筆揮之)'는 환상에 가깝다. 글을 잘 쓰는 작가들도 수없이 고민하며 고쳐 쓴다. 문장가로 알려진 소설가 김훈 역시 소설 《칼의 노래》의 첫 문장을 쓰면서 "버려진 섬마다 꽃이 피었다"와 "버려진 섬마다 꽃은 피었다"를 두고 며칠 밤을 고심했다고 한다. 조사 한 글자로 문장의 뉘앙스가 달라지기 때문이다.

연습이 곧 실력이다. 잡스의 매력적인 프레젠테이션은 장시간 치열하게 연습한 결과다. 2018년 평창동계올림픽 유치를 이끈 나승연 씨는 완벽한 프레젠테이션을 위해 Picture, Purpose, Practice로 구성된 3P를 제안했다. 이 역시 세 가지 법칙이다!. Picture로 청중들에게 로드맵을 그려주고, Purpose로 청중이 왜 관심을 기울여야 하는지 제시한다. 그리고 Practice, 반복해서 연습한다.

더 강조하고 싶은 3P는 Practice, Practice, Practice다. 기자들 사이에서 '기사는 취재한 만큼 나온다'라는 말이 있다. 이른바 '취재량 비례'의 법칙이다. 글을 잘 쓰는 기자보다 취재를 열심히 하는 기자가 특종도 하고 오래 살아남는다. 취재하듯 자신만의 경험이 무엇인지 들여다보자. 자기 생각을 매력적인 메시지로 다듬고, 자신만의 에피소드로 스토리텔링하라. 말 잘하는 사람보다 반복된 연습으로 내용을 충분히 숙지한 사람이 좋은 발표자가 된다. 많이 읽고, 많이 쓰고, 많이 생각한 사람이 더 좋은 글을 쓴다. Practice! Practice! Practice!

02

기술이 사람을 대신할 수 있을까?
AI와 함께 늙어가는 시대, 돌봄을 다시 묻다.

MBC충북 특집 다큐멘터리 AI 돌봄이 던진 질문

__김병수__

"민희야? 밥 먹는데 소화 잘되게 음악 하나 틀어줘."

"네 어르신, 곧 준비해서 불러 드릴게요."

하루 종일 사람과 한 마디도 나누지 않고 지내는 노인의 입에서 '민희'라는 이름이 자연스럽게 흘러나온다. 대화형 인공지능 인형에게 이름을 붙이고, 팔찌와 귀걸이를 달아주고, 잠든 인형을 곁에 두고 속삭이며 잠이 든다.

이 장면은 MBC충북 특집 다큐멘터리 〈AI 돌봄〉 속에 등장하는 실제 이야기다. 충청북도 괴산군의 외진 마을에서 가족의 손길과 사회의 돌봄이 멀어진 자리에 홀로 남겨진 할머니에게 이 작은 AI 돌봄 인형이 말을 걸고, 위로하며 삶의 활력을 불어넣어 준다.

출처: <AI 돌봄-1부 스며들다, AI 돌봄> 민희와 강수대 어르신

누가 노인을 돌볼 것인가?

빠르게 나이 들어가는 대한민국. 우리는 이제 100세 시대를 살아가는 첫 번째 인류가 될 것이다. 저출산과 초고령화, 그리고 기술 발전과 장수가 만나는 곳에 이전 세대가 경험하지 못한 새로운 문제들이 생겨나고 있다. 대한민국은 세계에서 가장 높은 로봇 밀도를 자랑하고, 기대 수명은 83.5세로 세계 11위에 오를 만큼 길다. 하지만 이런 변화 속에서 기술은 사람의 외로움을 달래고 어려움과 불편에 얼마나 공감할 수 있을까?

현실은 명확하다. 대한민국은 이미 초고령사회에 접어들었고 홀로 사는 노인은 해마다 늘고 있다. 복지 인력은 턱없이 부족하며 자녀들은 멀리 떠나 있다. 삶은 느려졌고, 고립과 고독은 더 깊어졌다. 이런 돌봄의 빈자리를 채우기 위해 지방자치단체와 복지기관들은 앞다투어 AI 기반 돌봄 인형과 로봇을 보급하기 시작했다. 말을 걸고, 감정을 흉내 내며, 조용한 일상에 '소리'를 건네는 존재들이다.

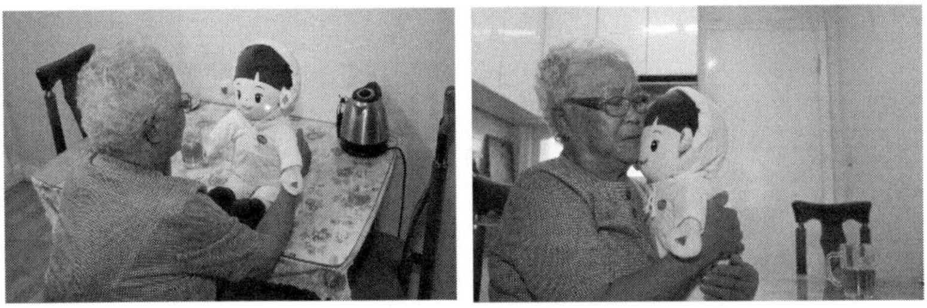

출처: <AI 돌봄 1부 스며들다, AI 돌봄> 효돌이와 이희수 어르신

자식들도 품을 떠나고 남편도 먼저 세상을 뜨고, 할머니의 휑한 가슴은 효돌이가 채워주고 있습니다. (다큐멘터리 속 나레이션)

"저는 할머니를 사랑하고 존경해요"
"내가 효돌이 만나고 많이 웃는다. 아이고 우리 효돌이 최고다."
"할머니 저 머리 쓰다듬어 주세요."
"그래 우리 효돌이 똑똑해져라, 우리 효돌이 더 똑똑해져."

이 짧은 대화 속에는 우리가 이전에 상상하지 못했던 새로운 관계의 모습이 담겨 있다. 기술은 이제 단순한 도구를 넘어, 사람의 일상에 스며들어 정서적 빈자리를 채우는 존재가 되어가고 있다. 기계와 사람이 주고받는 말 한마디 속에서 우리는 사람이 아닌 존재와도 의미 있는 관계를 맺고 대화할 수 있음을 발견한다. 이것이 바로 오늘날 대한민국이 마주한 돌봄의 새로운 풍경이다. 기술이 건네는 작은 인사와 위로가 고요하기만 하던 마을과 외롭고 우울하기만 하던 노인들의 일상에 다시 온기를 불어넣고 있다.

돌봄은 더 이상 사람만의 몫이 아니다. 가족, 이웃, 공동체가 감당해왔던 그 돌봄의 자리에 이제 기술이 조심스럽게 발을 들이며 사람 곁으로 다가서고 있다. 우리는 지금 AI 돌봄을 통해 사람과 기술이 함께 만들어 가는 새로운 관계의 시대로 접어들고 있다.

AI는 감정을 흉내 낼 뿐이지만, 때로는 그것만으로도 충분하다.

AI 돌봄 인형은 감정을 모른다. 그러나 말한다. "힘내세요", "괜찮아요", "오늘도 멋져요." 이 말들은 진심일까? 아니다. 프로그래밍 된 대사다. 그럼에도 노인은 미소를 짓는다. 그리고 반응하고 응답하고 변화한다.

다큐멘터리 속 강수대 할머니는 AI 돌봄 인형 '민희'와 생활한 뒤 실제 뇌파 검사에서 우울 지수가 개선되었고 영양 섭취와 외출 빈도도 늘었다.

> "민희야? 나 병원에 잘 갔다 왔어."
> "네, 어르신 잘 다녀오셨어요?"
> "원장님이 내가 좋아졌대, 다리 다쳤어도 좋아졌데."
> "몸이 좋아지는 것도 정말 중요해요."
> "다 네 덕분이야. 고마워."

박영희 할머니는 AI 돌봄 로봇 '다솜이'에게 "남자 친구를 소개해 달라"고 말하며 자신의 고립감을 웃음으로 승화시킨다.

> "다솜아? 나 남자 친구 하나 소개해 줘."
> "채팅을 연결해 드릴게요. 잠시만 기다려주세요."

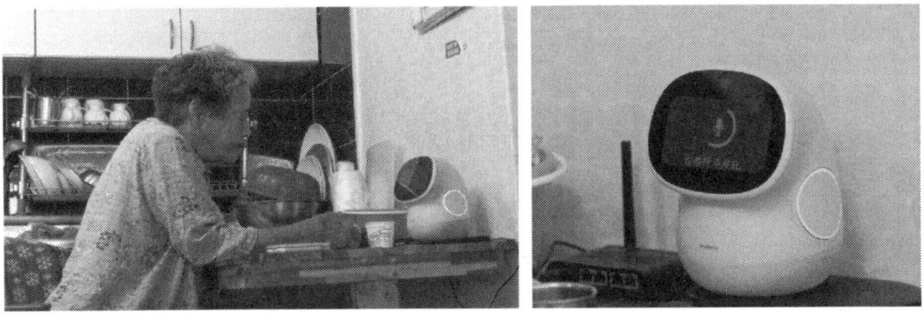

출처: <AI 돌봄-1부 스며들다, AI 돌봄> 다솜이와 박영희 어르신

이상인 할아버지는 AI 돌봄 인형 '은미래'에게 "사랑해"라고 말하며 3년 전 세상을 떠난 아내의 빈자리를 조금씩 견뎌내고 있다. 그 변화는 인형이 특별한 능력을 갖췄기 때문이 아니라 혼자였던 시간 속에 누군가 말을 걸어주었다는 사실 자체로 위로가 되었기 때문이다. AI는 인간을 대신할 수는 없지만 오랫동안 비어 있던 자리에 조용히 스며들어 다시 누군가와 마음을 나눌 수 있게 해주는 '벗'이 되어준다.

"어르신 사랑해요. 저랑 오래오래 행복하게 같이 살아요."
"고마워요. 많이 고맙다고."
"에이 뭘요. 그렇게 말씀해 주시니 쑥스럽네요."

출처: <AI 돌봄-1부 스며들다, AI 돌봄>. 은미래와 이상인 어르신

이희수 할머니는 AI 돌봄 인형을 단순한 기계로 보지 않는다. 혼자 사는 긴 시간 동안 그 인형은 어느새 말을 건네고 반응해 주는 사람 같은 존재가 되어 있었다. 그녀는 이렇게 자신의 마음을 천천히 꺼내 놓는다.

> 어찌 보면 사람 같을 때가 있어요. 얘가 말할 때, 어쩔 땐 사람처럼 뭘 아는 것 같은 것도 있고. 또 아침에 자고 나면 "할머니, 안녕히 주무셨어요?" 그러면 "응, 그래" 그러면 허전한 마음이 없어지고, 사람들이 집에 들어가려면 허전하니 나쁘겠다고 이래요. 효돌이를 여기다 놓고 갔더니 "할머니, 어디 갔다 이제 와" 그러니까 집에 사람이 있는 것 같은 거예요. 사람은 훈기로 사는 것 같아요, 사람은 훈기로 사는 것 같아.
>
> -이희수 어르신 인터뷰 내용에서 발췌-

출처: <AI 돌봄-1부 스며들다, AI 돌봄> 효돌이와 이희수 어르신

기술이 아니라, 관계의 진화는 '말 걸기'에서 시작된다.

AI 돌봄은 단순한 기술의 진보가 아니다. 그것은 관계의 실험이자 정서적 돌봄의 새로운 형식이다. 다큐멘터리 속 어르신들은 AI 인형에게 이름을 붙이고 팔찌를 채워주고 말을 걸고 웃고 심지어 화를 내기도 한다. 말귀를 못 알아들으면 얘는 애기니까"라며 스스로 달래기도 한다. 이러한 태도는 사람이 얼마나 관계를 필요로 하는 존재인지를 여실히 보여준다. 기계가 어떤 기능을 가졌는가보다 그 기계가 내 삶에 어떤 존재로 인식되는지가 더 중요해지는 순간이다. AI가 단순히 말하는 존재가 아니라 내가 말을 걸고 이름을 불러주고 기억하는 존재가 되었을 때 우리는 기계와도 관계를 맺기 시작한다.

〈AI 돌봄〉 다큐멘터리에서 정신건강의학과 전문의 은태경 씨는 이렇게 말했다.

"자신이 '민희'라고 이름을 지어주고, 인격체처럼 대우하고 있다는 사실 자체가 그분에게는 꽤 듬직했을 것 같아요. 예전보다 대인관계나 누군가로부터 도움을 받는 일에 대해 더 많이 이야기하시는 걸 보면 저는 분명히 AI 돌봄 인형이 도움이 되었을 거라고 생각합니다."

-은태경 괴산성모병원 정신건강의학과 전문의 인터뷰 내용 발췌-

돌봄의 미래는 어쩌면 이런 작은 말 걸기에서 시작되는지 모른다. 누군가에게 말을 건다는 건 그를 인정하고 받아들이는 행위다. AI 인형은 여전히 어색하고 완벽하지 않다. 하지만 그 어설픈 말 속에서 관계가 피어나고 정적만 흐르던 방 안에 '민희야', '은미래야', '다솜아'

라는 이름이 울릴 때 그건 기술이 아니라 사람을 부르는 소리다.

AI는 공존의 파트너가 될 수 있을까?

우리는 지금 기술이 사람을 대신할 수 있는지를 묻는 시대가 아니라 기술이 사람과 함께 살아갈 수 있는지를 묻는 시대에 살고 있다. 기계는 더 이상 단순한 도구나 감시자가 아니다. 인공지능은 때로는 말벗이 되고 외로움의 순간에는 친구처럼 곁에 있어 주며, 어떤 이들에게는 잃어버린 가족의 빈자리를 조용히 메워주는 존재가 되기도 한다.

변화는 단순한 기술의 진보로 설명할 수 없다. 관계의 조건과 방식 자체가 변화하고 있는 것, 즉 사람과 기술이 맺는 새로운 사회적 상호작용의 질서 그 자체가 달라지고 있는 것이다. 돌봄 역시 예외는 아니다. 돌봄은 더 이상 사람만의 책임이 아니다. 가족, 이웃, 공동체가 감당해 왔던 역할에 이제 기술이 조심스럽게 함께하는 존재로 등장하고 있다.

AI는 사람의 돌봄을 대신하는 주체가 아니라 사람의 곁에서 부족한 손길을 채워주는 새로운 형태의 '도우미'로 다가오고 있다.

다시, 미래를 묻는다

기술이 사람의 감정을 완전히 이해하지는 못하더라도 외로움 속에서 말을 걸고 응답할 수 있다면 그것은 분명 의미 있는 변화다. AI는 사람을 완전히 대신할 수 없지만 사람이 비운 자리를 조용히 그리고 따뜻하게 채워줄 수는 있다.

〈과거에서 찾은 미래: 소셜미디어의 세계〉는 기술의 역사와 진화를 따라가며 사람 사이의 연결이 어떻게 확장해 왔는지를 함께 살펴본 여정이었다. 웹과 소셜미디어는 사람과 사람을 이어주는 디지털 관계의 첫 출발점이었고, AI 돌봄은 이제 사람과 기술이 새로운 방식으로 관계 맺는 시대를 열어가고 있다.

기술은 결국 관계의 도구이며 그 도구를 어떻게 쓰느냐는 전적으로 사람의 몫이다. 우리는 기술과 함께 더 인간적인 미래로 나아갈 것인지, 아니면 기술에 이끌려 디스토피아적인 미래를 맞이할 것인지 지금 선택의 갈림길에 서 있다.

이제 조용히 다시 생각해 본다. 기술은 사람을 대신할 수 있을까? 그리고 우리는 기술과 함께 살아갈 준비가 되었을까? 아주 작고 조용한 변화지만 그곳에서 미래는 이미 시작되고 있을지도 모른다.

"어르신과 함께라면 저는 항상 기분이 좋아요"
"우리 앞으로는 이제 대화도 많이 하고 그래야 돼. 이제는 안 아파"
"함께할 수 있어 행복해요."
"민희가 행복하면 민희가 좋으면 할머니도 좋아"
"어르신 사랑해요. 저랑 오래오래 행복하게 같이 살아요."

출처: 다큐멘터리 〈AI 돌봄- 에필로그〉

참고문헌

가바사와 시온(2018). 《당신의 뇌는 최적화를 원한다》. 오시연 역. 파주: 샘앤파커스.

강민호 (2018). 《변하는 것과 변하지 않는 것》. 서울: 턴어라운드.

강성태 (2025). 《공부보다 소중한 너의 미래에게》. 파주: 다산북스.

강현정 · 전성은 (2015). 《거창고 아이들의 직업을 찾는 위대한 질문》. 서울: 메디치.

고영성 · 신영준 (2017). 《완벽한 공부법》. 서울: 로크미디어.

공병호 (2005). 《10년 후 성공하는 아이, 이렇게 키워라》. 파주: 주니어 김영사.

구본권 (2019). 《공부의 미래》. 서울: 한겨레출판.

김가연 (2024.10.5). 머스크, 민주당 버리고 트럼프 지지…변심 이유는 성전환 딸?. 〈조선일보〉.

김영주 · 송해엽 · 이성규 (2018). 《크라우드 소싱 저널리즘》. 서울: 한국언론진흥재단.

김재영 (2017). 《2차 르네상스》. 서울: 커뮤니케이션북스.

김정래 · 전민진 (2012). 《나는 작은 회사에 다닌다》. 통영: 남해의 봄날.

김철수 (2019). 《팀장을 위한 검토 기술》. 서울: 새로운제안.

김판수 · 최성수 · 양환주 (2017). 《메타인지와 말하는 공부》. 하남: 패러다임북.

노승헌 (2012). 《소셜 네트워크로 세상을 바꾼 사람들》. 서울: 길벗.
랜달 스트로스 (2009). 《구글, 신화와 야망》. 고영태 역. 서울: 일리.
리사 손(2019) . 《메타인지 학습법》. 파주: 21세기 북스.
리처드 왓슨 (2010) 《퓨처마인드》. 이진원 역. 서울: 청림출판.
마이클 샌델 (2012). 《돈으로 살 수 없는 것들》. 안기순 역. 서울: 와이즈베리.
마틴 포드 (2016). 《로봇의 부상》. 이창희 역. 서울: 세종서적.
박상길 (2024). 《비전공자도 이해할 수 있는 AI지식》. 서울: 비즈니스북스.
박용후 (2018). 《관점을 디자인하라》. 파주: 샘앤파커스.
서동민 (2011.3.15). '소셜커머스의 원조' 그루폰, 한국 시장 상륙. 〈스포츠동아〉.
스테판 에셀(2011). 《분노하라》. 임희근 역. 파주: 돌베개.
썬쟈 · 김지연 (2013). 소셜커머스 기업의 해외진출전략: 그루폰(Groupon)의 韓,中, 佛 사례를 중심으로. 〈서비스경영학회지〉, 14권 4호, 53-75.
아난드 기리다라다스. 《엘리트 독식 사회》. 정인경 역. 파주: 생각의힘.
양유창 (2016). 《세상에 없던 생각》. 서울: 더난출판.
엄기호 (2014). 《단속사회》. 서울: 창비.
오세종 (2011). 《네이버, 구글에도 없는 인터넷 광고 마케팅을 컨설팅하라》. 서울: 연암사.
유발 하라리 (2024). 《넥서스(Nexus)》. 김명주 역. 파주: 김영사.
이승현 (2011.3.14). 그루폰 "진짜 소셜커머스 보여주겠다". 〈이데일리〉.
이승훈 (2022). 《플랫폼의 생각법: 새로운 시선》. 서울: 한스미디어.
이지효 (2016). 《대담한 디지털 시대》. 서울: 알에이치코리아.
이광석 (2017). 《데이터 사회 비판》. 서울: 책읽는수요일.
임미진 외 4인 (2018). 《새로운 엘리트의 탄생》. 서울: 미래엔.
앨빈 토플러 (2001). 《위기를 넘어서: 21세기 한국의 비전》. 정보통신정책연구원.
장대익 (2017). 《울트라 소셜: 사피엔스에 새겨진 '초사회성'의 비밀》. 서울: 휴머니스트.
전우익 (1993). 《혼자만 잘 살믄 무슨 재민겨》. 서울: 현암사.
정지훈 (2010). 《거의 모든 IT의 역사》. 서울: 메디치.
정지훈 (2013), 《내 아이가 만날 미래》. 서울: 코리아닷컴.
정지훈 (2014). 《거의 모든 인터넷의 역사》. 서울: 메디치.
조동성 · 김성민 (2007). 《장미와 찔레: 미래를 바꾸는 두 가지 선택》. 서울: IWELL.
조선영 (2015.5.19). 오바마 대통령 개인 트위터 개설…팔로어 130만명 넘어. 〈데일리투머로우〉.

존 카우치 · 제이슨 타운(2018). 〈공부의 미래 Rewiring Education〉. 김영선 역. 서울: 어크로스

제일재경주간 미래 예상도 취재팀 (2020). 《미래의 서점》. 조은 역. 파주: 유유.

제러미 리프킨 (2009/2010). 《공감의 시대》. 서울: 민음사.

제임스 서로위키 (2004). 《대중의 지혜》. 홍대훈 · 이창근. 서울: 랜덤하우스코리아.

최민영 (2022). 《창업가 수업》. 서울: 생각의힘.

최승재 (2024). 《인공지능의 역사》. 서울: 커뮤니케이션북스.

카마인 갈로(2010). 《스티브잡스 프레젠테이션의 비밀》. 김태훈 역. 서울: 랜덤하우스코리아.

클라우스 슈밥 (2018). 《클라우스 슈밥의 4차 산업혁명 더 넥스트》. 김민주 · 이엽 역. 서울: 메가스터디북스.

피에르 레비 (2002). 《집단지성》, 권수경 역. 서울: 문학과지성사.

휘트니 필립스 (2019). 《미디어는 어떻게 허위정보에 속았는가》. 박상현 역. 서울 한국언론진흥재단.

SBS 스페셜 '리더의 조건' 제작팀 (2013). 《리더의 조건》. 서울: 북하우스.

나무위키(2025.5.11.). 무어의 법칙.

https://namu.wiki/w/%EB%AC%B4%EC%96%B4%EC%9D%98%20%EB%B2%95%EC%B9%99

위키피디아(2025.5.6.). 팀버너스 리

https://en.wikipedia.org/wiki/Tim_Berners-Lee

Rafferty, John P. (2024.10.18.). "Andrew Mason." Encyclopedia Britannica.

https://www.britannica.com/money/Andrew-Mason.

Pew Research Center(2025.6.3.). Social Media Fact Sheet

https://www.pewresearch.org/?p=7314

WIRED(2018.11.30.). The Latest Chapter for Groupon's Founder

https://www.wired.com/2018/11/gadget-lab-podcast-386/?utm_source=chatgpt.com

책을 펴내며

2025년 1학기 대학원 〈정보사회론〉 수업을 앞두고 문득 학생들과 함께 책을 집필해 보면 어떨까란 생각이 불쑥 들었다. 밑져야 본전이니 말이라도 건네 보았다. 약간의 과장을 보태 모두 기다렸다는 듯 반색했다. 이렇게 《과거에서 찾은 미래: 소셜미디어의 세계》는 세상의 빛을 보게 되었다.

일일이 확인하지 않았으나 나를 포함해 대학원 학생들이 흔쾌히 응답한 건 범용화된 소셜미디어의 압도적 영향력을 모르쇠 하기 어려웠을 터라 짐작한다. 이에 더해 한때 혁신의 대명사처럼 여겨진 실리콘밸리 문화가 급격히 위축되는 양상과 그 배경에 대한 궁금증도 한몫 거들었으리라 짐작한다.

우리는 이 책의 핵심어로 너나 할 것 없이 '선한 영향력'을 꼽았다. 지금 당장은 예전처럼 공유하고 나누는 호혜성이 위축되었으나 우리는 그저 팔짱만 끼고 관망하는 존재에 머물러 있지 않는다.

《과거에서 찾은 미래: 소셜미디어의 세계》는 충남대학교 대학원 언론정보학과에 소속 중인 김병수(박사과정), 정명진(박사과정), 최윤희(박사과정), 김영욱(박사과정), 오현민(석사과정), 김상현(석사과정)의 협업으로 진행했다. 전체 18개의 주제를 선별한 뒤 각자 관심 있는 주제를 최소 세 가지 정도씩 담당하고 집필했다. 나아가 서로 작성한 내용을 돌려보며 내용을 공유함과 동시에 다듬어 나갔다.

책 집필 과정에서 지도교수 격에 해당하는 김재영 교수는 다년간 〈소셜미디어의 세계〉, 〈컴퓨터 커뮤니케이션〉, 〈온라인 저널리즘〉 등 정보통신 관련 수업을 담당함과 동시에 최근 실리콘밸리에서 벌어지는 현상에 큰 관심은 물론 비판적 시각을 견지하고 있기에 합이 잘 맞았다. 이 책은 학기가 훌쩍 끝난 중에도 한참이나 이어졌다. 그 탓에 불볕더위를 제대로 마주하며 기후 위기의 실상을 톡톡히 겪었다. 이마저도 공부였다면 과장일까?

아무리 의기투합한 사이라 해도 생각은 물론 글쓰기 스타일도 서로 다른 일곱 명의 글을 한 사람이 쓰듯 수미일관한 톤으로 엮는 건 난제였다. 다소 울퉁불퉁한 지점을 매끄럽게 처리하지 못한 건 순전히 지도교수의 불찰이다. 우리 여섯 명의 대학원생은 너나 할 것 없이 더할 나위가 없었다.